Barry McGuire / Logan White

»Lass uns zur Hölle fahren ...«

Ein Rocker nimmt die letzte Ausfahrt

clv

Christliche
Literatur-Verbreitung e. V.
Postfach 11 01 35 · 33661 Bielefeld

1. Auflage 2007
2. Auflage 2008

Originaltitel: In the Midst of Wolves
Originalverlag: Crossway Books, Wheaton, Illinois, USA

Christliche Literatur-Verbreitung
Postfach 110135 · 33661 Bielefeld
CLV im Internet: www.clv.de

Übersetzung: Joe Wittrock und Johannes Zocholl
Zeichnungen: Johannes Spoerl
Umschlag: Lucian Binder, Marienheide
Satz: CLV
Druck und Bindung: GGP Media GmbH, Pößneck

ISBN 978-3-89397-583-9

Inhalt

»Siehe, ich sende euch
wie Schafe inmitten von Wölfen;
so seid nun klug wie die Schlangen
und ohne Falsch wie die Tauben.«

Matthäus 10,16

Das Festival

Sommer 1969

Der Nachrichten-Hubschrauber neigte sich zur Seite und drehte ab – ein dumpf wummernder Lärm am heißen texanischen Himmel. Über der tanzenden Menschenmasse schwankte er und veranlasste Clint Backer dazu hochzuschauen.

Als Clint in das grelle Sonnenlicht blinzelte, formten Knorpelgebilde bizarre Hügel und Täler auf seinem Nasenrücken. Vor Jahren war seine Nase zertrümmert worden – in einer Bar in Waco, an deren Namen er sich nicht mehr erinnerte – in einem Kampf um eine Frau, deren Gesicht er vergessen hatte.

Der breitschnäuzige Helikopter flog über ihn hinweg. Sein Schatten verbarg für einen Moment das Netz rot-weißer Narben, das Backers Arme und seine nackte Brust überzog. Aber das Abzeichen hinten auf seiner Lederweste war deutlich zu sehen: das Bild eines zähnefletschenden Wolfskopfs mit einem Wort darunter:

Wölfe.

»Der Menschenstrom reißt nicht ab, hier in der improvisierten Zeltstadt vor Galveston«, kommentierte das Mädchen neben dem Piloten in ihr Kopfmikro, als der Helikopter weiter absank. »Es scheint, als wolle die gesamte Generation den *Summer of Love* mit diesem ›*FaveRock Productions*‹-Konzert ewig fortsetzen.«

Clint Backer wandte sich ab vom Lärm am Himmel und spähte in der flirrenden Hitze über die Menschenmenge. Sein glattes, langes braunes Haar steckte straff zurückgebunden unter einem schwarzen Tuch. Trotzdem tropfte ihm der Schweiß in die Augen.

Bei der Musikbühne – hinter dem Konzertveranstalter Aubrey Favereu – stand lässig sein Freund Roper, still und bewegungslos wie ein Grabstein. Neben Roper stand Colt, Clints jüngerer Bruder und das Ziel seiner Suche.

Colt hatte den Kopf zurückgeworfen und seine Kehle zuckte vom wilden, bösen Lachen des Methedrin. Clint wusste, dass sein Bruder sich das Zeug durch die zahlreichen Einstichstellen injizierte, die sich auf seinen mageren Armen aufreihten. Um diese Male zu verdecken, trug er stets die Lederjacke der Wölfe, sogar in der sengenden Hitze dieses Festivals.

Mit einer Besorgnis, die langsam chronisch zu werden drohte, bahnte sich Backer seinen Weg durch die Menge in Richtung seines Bruders Colt.

Während er sich vorwärtskämpfte, schlug ihm unerträgliches Rückkopplungskreischen auf die Ohren. Die Band hörte auf zu spielen und Mikrofone zielten auf die schmächtige Gestalt Aubrey Favereus. Schweiß sickerte durch das Weiß seiner Manschetten und seines Kragens und durch den gelben Paisley-Stoff seiner Nehru-Jacke.

Als Backer sich der Bühne näherte, schnappte er den Rest einer Reporterfrage durch den Lautsprecher auf.

»... ihre private Armee, angeblich verantwortlich für die plötzliche Flut von Drogen seit gestern Abend, als ihre Bande bei Sonnenuntergang in das Zeltlager brauste wie eine Schwadron motorisierter Todesengel ...«

Favereu beugte sich über den Wald von Mikrofonen. »Die Wölfe sind bezahlte, professionelle Friedenswächter – zweihundert an der Zahl.«

Ein Lächeln verbreitete sich auf dem pockennarbigen Gesicht des Veranstalters unter der breiten Sonnenbrille, in der sich winzige Kameras spiegelten, die gierig seine poppige Paisley-Erscheinung aufsaugten.

»Hier geht nur Liebe ab, Mann, sonst gar nichts.«

Ein Mädchen mit Haaren in der Farbe von dreckigem Honig nahm die Bühne für sich ein, als Favereu ausgeblendet wurde. Über das Zeltcamp legte sich der Klang kreischender Keyboards.

Eine angetrunkene junge Frau mit dunklen Augen und halb offenem Mund tanzte torkelnd auf Backer zu und fiel ihm in die Arme, aber er nahm sie hoch, stellte sie beiseite und drängelte weiter zur Bühne.

Da ertönten Schreie und eine Lücke tat sich vor Clint Backer auf, in der sich zwei Männer mit nackten Oberkörpern umkreisten. Ihr langes Haar klebte ihnen auf den Rücken.

Der eine schwang eine zwanzig Zentimeter lange Stahlklinge in seiner Hand. »Du hast uns verschnittenes Speed angedreht ...«, brüllte der Messerschwinger und sprang auf den anderen los.

Schneller, als die meisten folgen konnten, schnellte Clint dazwischen. Sein Stiefel traf den Solarplexus des Angreifers.

Einen Moment lang erstarrte der Springer bewegungslos in der Luft wie eine Zeichentrickfigur. Backer hörte ihn ächzen, als zuerst das Messer und schließlich der Mann selbst zu Boden plumpsten.

Auf der Bühne schluchzte das Mädchen ihr Liebeslied.

Der andere Mann glotzte auf den funkelnden Stahl im Sand, nur einen Handgriff von ihm entfernt.

Backer hatte sich hinter dem herrenlosen Messer aufgebaut und wartete.

Ängstliche, aber immer noch zornige Augen wanderten von dem Messer im Sand zu Backer unmittelbar dahinter.

»Na, mach schon! Oder such dir ’ne andere Kirmes!«, bellte Backer ihn über den Lärm hinweg an.

Der andere Mann musterte Backer, von den hervorstehenden Brauen bis zu den Muskeln seiner nackten, provozierend lässig herabhängenden Arme.

Flüche murmelnd leckte sich Backers Kontrahent über die Lippen und stolperte rückwärts, bis ihn die Masse verschluckte.

Clint stieg über den am Boden liegenden Mann hinweg und begab sich zur Bühne. Sein Bruder Colt war nirgends mehr zu sehen.

Backer verschränkte die Arme auf der Kante der Bühne direkt neben Roper und legte das Kinn auf seinen tätowierten Unterarm. Die Sängerin über ihm schenkte ihm ein Lächeln.

»Schön leichter Job hier«, sagte Clint, »nicht wahr, Rope?«

»Zu leicht«, knurrte der andere Biker. »Wenn ich jetzt in Saigon rumgammeln müsste, hätt ich mehr Spaß. Sind wir für Wulff nun Biker oder Zweigroschen-Söldner?«

»Wo ist da der Unterschied?«

Der schmächtigere Mann antwortete nicht.

Backer übertönte die Musik: »Wo ist Colt denn hin?«

Roper spuckte aus. »Bruderbaby geht auf die achtzehn zu. Clint, Mann. Während du ihm noch die Glucke machst, ist er schon längst erwachsen.«

Ohne Vorwarnung schlossen sich Backers Finger um Ropers Arm und drückten ihn. »Du solltest dich besser nicht in Familienangelegenheiten einmischen.«

»Colt ist mein Freund, Alter.« Ropers blaue Augen trafen Backers rötliches Augenpaar. »Und bisher warst du es auch, großer Bruder Clint. Willst du aussteigen und diese Tage aus der Erinnerung streichen?«

Backers Zeigefinger tippte auf Ropers Arm. Beide hörten das Metall im Ärmel. »Meine Knochen gegen deine Klinge?«

»Du singst das Lied, ich summe die Melodie dazu«, erwiderte Roper ausdruckslos. »Stimm an, Zweiter Rider.«

In dem Klanggetöse entstand eine Pause. Schnell nahm Backer seine Hand von Ropers Arm.

»Tut mir leid, Mann.« Er riss das Tuch vom Kopf und wischte

sich den Schweiß vom Gesicht. »Seit ich Colt aus dieser Erziehungsanstalt in Okla geholt habe, bin ich wie eine Henne. Meine Nerven sind runter, 'tschuldigung.«

Roper blieb emotionslos. »Hattest nie Nerven.« Er schaute hoch zur Bühne, wo das Mädchen erneut zu singen begann. »Verlierst sie zu schnell, alter Scout, und was haste dann noch für Trümpfe auf der Hand?«

»Nichts vielleicht, genau wie du«, grinste Backer, »außer meinem Brüderchen.«

Zum ersten Mal rührte sich der magere Mann, sein Daumen zeigte in Richtung des Truck-Anhängers, in dem sich die Büroräume befanden. »Colt ist da hin, hinter Aubrey her.«

Clints Blick verfinsterte sich. »Diesen Auftritt hier hat Wulff angeleiert. Ich bin nicht scharf darauf, dass mein Bruder Favereu zu nahe kommt. Er stinkt geradezu nach gutem alten Spießer-Knatsch!«

»Mehr Knatsch als bei dir?«, rief Roper ihm nach, als Backer sich anschickte zu gehen.

Clint gluckste. »Ich und Ärger? Ich vermute, so was gibt's wohl nicht?«

Doch das Lachen blieb ihm im Hals stecken, als er Colt vor Favereus Trailer erblickte. Er diskutierte mit einem hageren, dunkelhäutigen Fremden, während die kleinere Gestalt Favereus ungeduldig an seinem Ellenbogen zerrte.

Clint schüttelte den Kopf. Colt war schon wieder high. Dabei konnte er froh sein, dass er diesen Einsatz bislang überstanden hatte, ohne eingebunkert und vielleicht sogar in dieses Höllenloch von Heim in Oklahoma zurückgeschafft zu werden. Er wurde doch erst im April achtzehn …

Er war nun nah genug, um die Worte zu verstehen und die Broschüren in den Händen des dunklen Fremden zu sehen – und das Kreuz an seinem Hals.

Clint seufzte. Mit dem Stoff, der durch seinen Körper flutete, würde Colt selbst mit den Krishna-Jüngern am Flughafen einen Streit anfangen. Als ob es am Ende wirklich eine *Wahrheit* zu finden gäbe, wie bei einem Wollknäuel, das man nur abzuwickeln braucht. Als ob man nur laut genug mit jemandem streiten müsste, der verrückt genug ist, an irgendetwas zu glauben ...

Er trat hinter Colt und legte seine Hand sanft auf die Schulter seines Bruders. Favereu trat zurück.

»Bring *du* ihm Verstand bei«, giftete Favereu Clint an. »Schließlich zahle ich euch Muskel- und Leder-Clowns eine Stange Geld.«

Ohne den Promoter zu beachten, wirbelte Colt zu seinem älteren Bruder herum, mit einem Fetzen billigen, gelben Papiers in seiner Faust. »Der tumbe Prediger hier denkt, er hätte die Weisheit mit Löffeln gefressen«, knurrte er. Seine Augen, mit der gleichen rötlichen Tönung wie die seines Bruders, waren nur noch schmale Schlitze. *Noch mehr Meth! Eines schönen, nicht allzu fernen Tages ...*

Clint schüttelte die Gedanken ab, die in ihm aufstiegen, als er den in Großbuchstaben gedruckten Titel des gelben Papiers las: *Die einzige Liebe, die dich befreit.*

»Ich will, dass er mit mir kommt, wenn ich das Tor kontrolliere.« Der weiße Kragen Favereus hing schlaff auf das gelbe Paisley-Shirt herab. »Ich zahle nicht für philosophische Debatten mit Landstreichern.«

»Aubrey Favereu denkt, dass Blitze über die Welt zucken, wenn er nur niest«, sagte Clint, »bloß weil er diese kleinen grünen Präsidentenbildchen scheffelt. Stimmt's, Aubrey?«

Der Veranstalter nestelte an seiner Hippie-Halskette. »Ich bezahle für das, was ich bekomme. Vielleicht kapiert ihr Mörderbande das nicht ...«

Clint ließ Aubrey Favereu beiseite und tippte auf das kleine Kreuz, das dem Fremden um den Hals hing. »Und all ihr

Typen von der anderen Seite des Spiegels denkt, dass ihr den Plan habt. Du und die Druiden und Hexen und die Buddhisten und Alice im Wunderland samt dem weißen Kaninchen. Ihr alle habt die Antwort. Und ich will verdammt sein, wenn ich jemals gewusst hab, was die Frage war.«

»Das ist wirklich die Frage«, flüsterte Colt seinem Bruder mit drogenbelegten Stimmbändern zu.

»Ich will, dass einer von euch Bikern mit mir kommt«, fauchte Favereu, »und zwar sofort!«

»Verdammt noch mal«, zischte Colt zurück. »Der Bruder Love hier weiß, wie man hochkommt, wenn man ganz unten ist. Wir brauchen nicht einmal mehr Angst vor dem Tod zu haben. Stimmt's, kleiner Bruder Love?«

»Verdamme dich nicht selbst.« Der dunkle Fremde wandte sich Clint zu. »Und du kennst ...« – für einen Moment trafen sich ihre Blicke und Clint war erstaunt, dass er es war, der den Blickkontakt abbrach – »du kennst die Frage!«

»Bruder Love ...«, Colt packte den dunkelhäutigen Mann am Bart und zog ihn an sich, »eigentlich bist du zu klein für dein großes Maul.«

Mit einer mühelosen Kopfbewegung entwand der hagere Mann seinen Bart Colts festem Griff. »Die einzige Antwort auf den Tod ist Leben. Und da wartet viel mehr Leben auf euch, als ihr bisher hattet.«

Clint Backers Schädel brummte. Die Hitze, die Streitereien am Nachmittag, das permanente Geschrei – wie konnte das die paar Dollar wert sein, die Favereu bezahlte? Konnten sie als Biker nicht frei von diesem Mann sein? Aber er war nur der *Zweite Rider*. Wulff war der Anführer – Wulff, der den Vertrag mit Favereu abgeschlossen hatte.

»Ich habe keine Angst vor Mister Tod, und ich habe keine Angst vor den Schauermärchen, die du hier erzählst, Bruder Love«, schrie Colt, während er den dunkelhäutigen Mann an seinem zerschlissenen Hemd wieder zu sich heranzog.

»Es gibt mehr als das taube Gefühl vom Gift in deinen Adern. Echte Freude kommt nicht von der Nadel.«

Sein Kopf flog zurück, als Colt ihm ins Gesicht schlug.

Clint musterte den Dunkelhäutigen flüchtig und entschied, dass er praktisch unverletzt geblieben war, obwohl Blut aus seiner Nase sickerte.

»Komm schon!«, wiederholte Favereu, die Gewalttat ignorierend.

Über seine Schulter hinweg sah Clint, dass der Dunkelhäutige nicht von der Stelle gewichen war. Diese religiösen Spinner hatten wirklich kein bisschen Verstand, nicht ein Fünkchen.

Er ergriff Colts geballte Faust und löste seine Finger. Eine blaue Kleingeldrolle kam zum Vorschein.

»Blödes Spielzeug. Du brichst dir damit noch eines heißen Tages die Finger.«

Colt spielte mit der Rolle. »Ich und Präsident George, wir tun eben unser Bestes.« Er steckte die Rolle zurück in die Tasche seiner Jeans und schaute zu Clint auf. »Wir sind keine Kung Fu King Kongs, so wie du!«

»Ich kann nur, was ein Mann auf der Straße lernt«, sagte Clint leise. »Und wenn du nicht bald anfängst zu denken, wirst du nicht lange genug auf der Straße sein, um etwas zu lernen.«

Colt schlurfte Favereu hinterher. »Ich schlug so hart zu, wie ich konnte, aber der Kleine hat's einfach genommen«, murrte Colt. »Das bringt 'nen Mann zum Nachdenken.«

Als sein kleiner Bruder mit dem Promoter in der Menge verschwunden war, wandte sich Clint noch einmal dem Favereu-Trailer zu, doch der Dunkelhäutige stand ihm im Weg. In plötzlicher Verlegenheit platzte Backer heraus: »Du siehst ziemlich mickrig aus, aber du musst zäher als Rindsleder sein. Colt sagt, dass er dir alles gab, was er hatte.«

»Das tat Rom auch«, sagte der dunkelhäutige Fremde,

während das Blut in seinem Bart trocknete. Clint hielt für einen Moment lang inne, unfähig, diese Worte zu verstehen. Dann setzte er seinen Weg zu Favereus Trailer fort.

Als er sich noch einmal umschaute, waren weder sein Bruder noch der Dunkelhäutige in der Menge zu sehen.

»Du?«

»Ich.«

Clint erkannte Harry Blackburn, der gemeinsam mit Rex Aikens und Favereu das Triumvirat von *Fave Rock Productions* bildete, das für das Festival und das Engagement der Wölfe verantwortlich war. Blackburn stand direkt vor der Tür des *Fave Rock*-Trailers.

Lang und dünn stand er da, in seinem sandfarbenen Anzug mit mörderisch engen, gebügelten Rockaufschlägen. Er musterte Clint durch seine eulenartige, bernsteinfarben getönte Sonnenbrille.

»Komm rein.« Er erklomm die beiden Stufen, schloss auf und betrat den Trailer. Backer folgte ihm in den ausgebauten Anhänger.

Im Vorraum war es kühl und dunkel. Blackburn wartete mit der Hand am Knauf einer weiteren geöffneten Tür zum Innenbüro. »Na, komm schon!«

»Warum auch nicht.« Backer betrat das Innenbüro. Das Summen einer Klimaanlage erfüllte das Büro und kräuselte die Samtvorhänge auf der gläsernen Schiebetür.

Blackburn setzte sich auf die Kante von Favereus großem schwarzem Schreibtisch. Favereu würde diese Vertraulichkeit nicht schätzen, argwöhnte Backer. Aber Favereus lederbezogener Sessel war leer.

»Aubrey ist gerade mit einem deiner Leute unterwegs, um die Eingänge abzuchecken«, sagte Blackburn. Seine Augen waren unsichtbar hinter der Brillenfassung.

»Mit einem meiner Leute?« Backer runzelte die Stirn,

rutschte in den großen Ledersessel hinter dem Schreibtisch und drehte ihn, um in den Genuss des kalten Luftstroms zu kommen.

Blackburn begann zu protestieren, besann sich dann aber und lehnte sich über den Schreibtisch. »Du bist doch ein Motorrad ... ähm ... Freak, oder?«

Backer seufzte. Er spürte, wie die Schweißtröpfchen unter seiner Weste auskühlten. »Meistens. Und du bist doch ein Aubrey Favereu ... ähm ... Freak?«

Blackburn war pikiert. »Spar dir die Gags für ein anderes Mal. Ihr werdet bezahlt. Aubrey möchte nächtliche Lieferungen und Patrouillen organisieren und da du der Anführer bist ...«

»Wulff ist der Anführer.«

Die Brillengläser starrten auf Backer. »Ich habe dich beobachtet. Du hast die Leitung.«

»Wulff ist der Anführer. Ich bin Zweiter Rider.«

Blackburn schlug nach einer Fliege, die über dem Schreibtisch brummte. Als er seine Hand zurückzog, zuckte das Insekt nur noch schwach. *Blackburn ist schnell*, bemerkte Clint.

»Hier geht zu viel ab, um mit Cent-Piraten zu pokern. Wenn du nicht der Anführer bist, dann geh, schnapp ihn und bring ihn her ... aber plötzlich!«

»Es ist heiß«, sagte Backer ruhig. Sein Daumen langte über den Schreibtisch – zu schnell, als dass Blackburn folgen konnte, und tippte leicht auf eine der bernsteinfarbenen Brillengläser. »Aber hier drinnen ist es kühl.«

Blackburn stierte Clint an. Der Biker grinste.

Abrupt wirbelte der Mitveranstalter herum und hielt Backer die Schiebetür auf, die ins Foyer führte. »Sag mir, wo ich ihn finde, und dann verschwinde hier. Glaub nicht, dass Aubrey nicht erfahren wird, was für einen miesen Service ihm sein Geld einbringt.«

Nach einer steifen Pause, in der nichts als das Summen der Klimaanlage zu hören war, erhob sich Backer und ging in den Vorraum. »Ich werde warten und es ihm persönlich sagen«, verkündete er. Absichtlich rempelte er Blackburn an, als er sich an ihm vorbeischob. Seine Vermutung bestätigte sich: Der Mann trug eine Waffe bei sich. In was hatte Wulff sie da nur hineingezogen? Und warum brauchten diese großen Jungs zweihundert Motorrad-Banditen, um einen Haufen verrückter Hippies in Schach zu halten?

Er ließ sich auf die Couch im Vorzimmer sinken. *Manchmal muss man seine Erwartungen zurückschrauben.*

Blackburn schlug die Bürotür hinter ihm zu. »Wo ist euer Anführer?«

Backer machte eine nichtssagende Bewegung mit seinem kräftigen linken Handgelenk, an dem er unpassenderweise eine Rolex trug, das Andenken an eine Poker-Runde in Reno. »Er is'n Kerl, der aussieht wie Lon Chaney Junior ...«, gähnte er. »Dürfte jetzt wohl bei den Kleinbussen sein, um sich mit dem Scout zu besprechen ...«

»Wer ist der Scout?«

Backer grinste. »Das bin ich.« *So könnte ich auch gleich irgendwo die Stechuhr drücken*, dachte er.

»Und warum bist du dann nicht dort?«

»Weil ich hier bin, Harry.«

Blackburn zögerte, stellte sicher, dass das Innenbüro verschlossen war, und riss die Tür nach draußen auf. Hitze und Lärm schlugen in den Trailer hinein.

»Dann bleib hier. Wenn ich mit deinem Boss zurückkomme, um Aubrey zu treffen, dann denk daran, dass dein Verhalten zur Sprache kommt.« Er knallte die Tür zu.

»Das tu ich bestimmt«, sagte Backer vor sich hin, als Harry Blackburn fort war. »Denken ist 'ne tolle Sache. Schade, dass es deinen Kopf verwirrt, Harry.«

»Wie bitte?«

Ein kräftiger Mann mit einem Westernhemd, Schleifenkrawatte und einem dreifachen Kinn stand auf den Außenstufen.

Backer ärgerte sich, bei einem Selbstgespräch ertappt worden zu sein. Deshalb nahm er eine ausgewählt lässige Pose ein, die Arme hinter dem Kopf verschränkt, die Stiefel auf dem Kaffeetisch, wo sie gegen einen tragbaren Kassettenrekorder stießen. Ein Stapel Kassetten verstreute sich über eine Ausgabe des *Rolling Stone*. »Ich sagte, schöner Tag heute ... falls es nicht noch regnet.«

»Wo ist Harry?«

Backer klatschte in die Hände: »Bye Bye, Blackburn.«

Die Kinnfalten bebten. »Was ...? Wer *sind* Sie?«

Backer stöhnte. Was immer *Fave Rock* für ein Spiel spielte, Rex Aikens war offensichtlich wegen seines Geldes, nicht wegen seiner Intelligenz daran beteiligt worden.

»Harry hatte etwas zu erledigen. Er überließ mir hier die Verantwortung«, verkündete Backer bedächtig, »damit niemand den Trailer demoliert.«

»Aber ich muss ihm erzählen, dass ... Wer *sind* Sie?«

Immer noch bedächtig sagte Clint: »Ich bin Backer.«

»Sie sind ... ein Biker?«

»Meistens. Aber Backer bin ich immer.«

Rex segelte durch den Vorraum wie ein Ballon, aus dem die Luft entweicht. Er rüttelte am Türgriff des Innenbüros, stellte fest, dass es verschlossen war, und überzeugte sich selbst, dass weder Blackburn noch Favereu anwesend waren.

»Ich muss ... muss Aubrey dringend eine Nachricht übermitteln.«

»Lassen Sie sie hier bei mir.«

Rex hätte beinahe losgelacht. Er zog den Kassettenrekorder unter Backers Absätzen hervor, nahm einen Schlüssel heraus und schloss die Tür zum Innenbüro auf.

»Gehen Sie nun!«

Backer schüttelte den Kopf. Das Blickduell war äußerst kurz. Aikens zog die Tür hinter sich zu, verschloss sie sorgfältig und verkroch sich in die äußerste Ecke des Büros, bevor er leise auf Band sprach, die Lippen an das eingebaute Mikrofon gepresst.

Vor der Glastür erhob sich Clint und streckte sich. Er sollte jetzt *wirklich* am Treffpunkt bei den Vans sein. Wulff hatte gern seine Pranken am Puls der Gang. Und Backer war sein Stellvertreter, der Kundschafter!

Dennoch schloss er aus einer Trotzreaktion heraus die Tür nach draußen wieder und trat zurück ins Foyer. Aus dem inneren Büroraum erklang schwach Aikens' Stimme.

»Wölfe.«

Das Wort war unmissverständlich. Für ein paar Sekunden war Backer sehr still und schlich dann auf leisen Sohlen zur Bürotür.

Nur einen Moment später hatte Aikens seine Bandnachricht beendet, hinterließ eine gekritzelte Notiz auf dem Schreibtisch und verließ das Büro.

Rex Aikens schloss die Tür hinter sich zu und rüttelte am Griff, um sich zu vergewissern, dass sie wirklich verschlossen war. Blitzschnell war Backer auf die Couch gesprungen und blätterte im *Rolling Stone* Magazin.

»Sie sollten jetzt wirklich gehen«, nörgelte Aikens.

»Aber ich hab versprochen aufzupassen.« Backer blätterte um.

Der dicke Mitveranstalter überprüfte erneut die Bürotür, seufzte und öffnete die Tür nach draußen. »Fassen Sie nichts an!«, beschwor er.

Backer schüttelte den Kopf, aber sobald Aikens' Schritte auf dem Treppchen verhallten, war er auf den Knien und wühlte sich durch das Gerümpel unter dem Kaffeetisch. Auf einem

Stapel mit Verkaufslisten lag ein durchsichtiges Plastiklineal. Er stemmte es im Türspalt gegen die abgeschrägte Falle des Türschlosses, zog es ein wenig hin und her, und plötzlich glitt die Schiebetür weit zurück. Da waren der schwarze Schreibtisch, die Notiz und der Kassettenrekorder.

»Ist ja wie in Hollywood.« Backer atmete erst wieder, als er die Kassette herausgenommen, die Notiz zerknüllt, die Bürotür wieder verschlossen und den Wohnwagen verlassen hatte.

• • •

Er näherte sich den für die Wölfe reservierten Parkplätzen. Immer noch umwehte ihn die laute Musik und die Gluthitze wollte nicht weichen, als er die 196 glänzenden Harley Davidsons und Triumphs und die sechs schwarz-silbernen Kleinbusse erreichte. Von jedem von ihnen fletschte das Wolfskopflogo den Vorübergehenden an.

Er riss die Hecktür des am nächsten stehenden Vans auf, klappte den Deckel einer Eistruhe hoch und zog ein Bier heraus. Dann kletterte er nach vorne, schaltete die Zündung an, schlug auf den Temperaturregler und steckte Aikens' Kassette in das Kassettendeck.

Wenige Minuten später zog er stillvergnügt eine zerdrückte Zigarette aus seiner Westentasche und zündete sie an. »Aaaah ... höchst erstaunlich!« Er stieß den Rauch aus, während er die Kassette zurückspulte.

Aikens' letztes Wort – *Sündenböcke* – hing noch in der Fahrerkabine, zusammen mit dem blauen Zigarettenqualm, als die Zigarette plötzlich mitsamt einem Stück Lippe aus Backers Mund gerissen wurde.

Er fluchte. Hinten im Transporter kauerte Shannon, die Zigarette in der Hand verbergend. Ihre glatt geföhnten Haare flossen weißblond über ihre Schultern.

»Shannon, Süße, du bist Wulffs Tucke. Wulff ist der Chef.«

»Zigaretten, Führertreue und all der Lügenkram können schädlich für die Gesundheit sein ...« Sie lehnte sich etwas zurück gegen die Eistruhe. »Schau dir die Rider an, die auf dem Tablett aus Vietnam zurückkamen.«

»Shannon«, sagte er ruhig, ohne sich zu bewegen, »hör auf damit!«

Ihre großen grauen Augen umwölkten sich. Sie riss die Hecktür auf, damit der Zigarettenqualm herauszog. »Du benimmst dich nicht so, als hättest du Angst vor der Monster-Nummer, die Wulff den Leuten überzieht?«

Backer seufzte. »Angst nicht gerade ... weder ich noch Colt. Können wir nichts dafür. Sind einfach zu dumm dazu.«

»Ihr Backer-Brüder seid nicht dumm«, schnaubte Shannon, »nur völlig verrückt. Ihr benehmt euch, als wenn ihr vor gar nichts Angst habt.«

Er starrte geistesabwesend durch die getönte Windschutzscheibe. »Vielleicht habe ich gerade davor Angst – vor dem Nichts.«

Shannon lachte. »Und dein jüngerer Bruder – der würde nicht mal zucken, wenn du ihm einen Eispickel ins Ohr hauen würdest. Du hast ihn zu jung zur Meute gebracht, Clint.«

»Wo sonst hätte ich mit ihm hingehen sollen?« Er zwinkerte. »Und außerdem wette ich, dass er gerade mal ein Jahr jünger ist als du, Lady.«

»Niemand«, antwortete sie mit trübem Blick, »ist so alt wie ich.«

»Außerdem ist Wulff immer noch mein Freund.« Sein Kopf lehnte gegen den Sitz, während ihm klar wurde, wie sich die Bedeutung dieses Wortes im Laufe der Jahre gewandelt hatte. »Irgendwie immer noch ...«

»Ich dachte, du kämpfst gerne. Du könntest es mit ihm aufnehmen. Ich wette, du schaffst ihn. Du könntest der Rudelführer werden.«

Er stellte die Lüftung aus, kurbelte das Fenster herunter und schaute sie an. »Süße, ich *will* gar nicht Erster Rider sein.«

Sie starrte ihn an. »Hab dich nie für feige gehalten, Clint.«

Wieder seufzte er. »Hab mich nie für irgendwas gehalten. Bin bloß ein Feldhase in einem zu engen Kaninchenloch. Bin Biker, weil der Eintritt in den Club erschwinglich und die Kleiderordnung locker ist.«

»Ach, komm schon.« Sie klang nervös. »Wulff ist also dein Freund – und er ist ein Schwein. Vergiss es!«

Seine rötlichen Augen starrten durch die fliegenverdreckte Windschutzscheibe. »Wenn ich kein Biker wär, ich schätz, dann wär ich so'n Hippie mit Holzperlenkette und Körperbemalung.«

»Ich habe dich doch beobachtet, Clint. Du kämst nie aus dir raus.«

»Vor zehn Jahren war ich 'n Beatnik.« Er lachte, dass es Shannon kalt den Rücken runterlief. »Einer von diesen Hohlköpfen, die sich die ausgeflipptesten Klamotten aussuchten, nur um darin schlecht auszusehen. Vielleicht hat Colt recht. Vielleicht gibt es ja doch einen Ort, wo die Dinge Sinn ergeben.«

»Wulff mag die feinen Dinge des Lebens«, sagte sie bitter.

Backer nickte, ohne sich zu ihr umzudrehen. »Ich und Wulff, wir sind schon zusammen 'ne Menge schlechter Straßen gefahren. Es gibt Typen, die zieh'n sich dran hoch, and'rer Menschen Leben in der Hand zu halten, und einige von ihnen genießen es sogar, andere kaputt zu machen. Ich misch mich da nicht ein und versuch klarzukommen, so gut es geht. Scher mich um meine eigenen Angelegenheiten.«

Sie räkelte sich hinter seinem Sitz. »Im Vergleich zu dir klingt Wulff ...«

»Ich bin durch und durch böse, Schätzchen.«

Beide fuhren auf. Wulff hatte seinen breiten Kopf durch das Autofenster gesteckt und ließ ihn auf seinen überkreuzten Handgelenken ruhen.

Backer sah, wie im letzten Sonnenlicht jedes einzelne Haar auf der weißen Haut von Wulffs Armen ausgeleuchtet wurde. Wieder einmal fragte er sich, warum Wulff niemals bräunte.

»Hab weder deine Maschine noch deine Stiefel gehört.« Backer starrte ihm in die Augen. »Bist du herbeigeschwebt, Zauberer?«

Wulff erwiderte den Blick. Sein rauer, schwarzer Bart verzog sich zu einem Grinsen.

»Bin gerade eingeflogen aus Oz.« Er deutete mit seinem Kopf in Richtung Camp. »Der alte Aubrey verlangt ziemlich viel für sein Kleingeld.«

»Nicht nur Aubrey. Blackburn wird jeden Moment hier auftauchen, er sucht nach dir.«

Wulff nickte. »Ich war leicht zu finden. Er sagte, dass einer meiner Leute ihm gegenüber 'ne dicke Lippe riskiert hätte. Und ihr Backers führt gleich nach Mick Jagger die dickste Lippe der Welt. Warst du das, der Blackburn vom Sockel gestoßen hat?«

Clint lehnte sich zurück. »Ich krieg eben Muskelkater von ehrlicher Arbeit.«

Bevor Wulff antworten konnte, ließ Backer die Kassette aus Favereus Büro laufen. »Aber dies hier ist nicht wirklich ehrliche Arbeit, oder?«

Sie waren mucksmäuschenstill, Wulff gegen die Fensterumrahmung gelehnt, Backer mit den Stiefeln auf dem Armaturenbrett und Shannon über den Sitz gebeugt, während Aikens' Band ablief.

Colt stieß zu ihnen, gerade noch rechtzeitig, um das Wichtigste nicht zu verpassen.

Die anderen blieben still. Nur Colt war sichtlich amüsiert.

»Wie können die nur so dumm sein?«, lachte er. »All das Dope für die Sündenböcke, und so'n Stümper wie Aikens schmeißt ihnen alles über den Haufen …«

Clint zuckte die Achseln. »Ein Engagement dieser Größenordnung hätte man sich genauer ansehen sollen. War kein schlechter Schachzug, gleich die Prügelknaben zur Hand zu haben. Sie haben nur den Fehler gemacht, mit 'ner Dumpfbacke wie Aikens als Bauern zu spielen.« Er hielt inne. »Die Wölfe sind aber doch keine Bauernopfer … oder, Wulff?«

Zur Antwort schwenkte Wulff ein Stemmeisen in seiner kräftigen Pranke. »Die Kassette sagt, dass Aikens den Stoff in einer unserer Radkappen versteckt hat. Zeit zum Ostereiersuchen, Jungs und Mädels!«

Unter der linken hinteren Radkappe des zweiten Vans, den sie untersuchten, wurden sie fündig. Colt stemmte sie ab. Als ihm die Plastiktüten mit weißem Puder entgegenpurzelten, platzte er heraus: »Hier ist es! Sieht aus, als ob wir den Jackpot geknackt hätten!«

Triumphierend reckte er einen Handschuh in die Höhe. Alle sahen die Plastikbeutel voll weißen Pulvers in den sterbenden Strahlen der Sonne.

»Sie zahlen jetzt eine hohe Prämie für ihre Rückversicherung«, bemerkte Clint, als er den Puderstaub prüfte.

»Leicht zu finden und feiner Stoff. Wäre jemand zum Schnüffeln hergekommen, hätte die Sache ziemlich eindeutig ausgesehen.«

Wulff fuhr sich mit der Hand durch sein dichtes, schwarzes Haar. »Jetzt müssen wir uns nur noch überlegen, wie wir das dem guten alten Aubrey angemessen heimzahlen.«

»Wir wollen sie schlachten und fressen«, schlug Colt aufgekratzt vor, der seinem Bruder über die Schulter schaute.

»Nein.« Clint blinzelte in den Sonnenuntergang. »Die größte Band des Tages spielt heute Nacht um elf.« Er blickte seinen Bruder an. »Kannst du Godzilla holen und allen anderen gegenüber deinen Mund halten?«

Colt kratzte sich am Kinn. »Gleich zwei Sachen auf einmal. Donnerwetter! Versuchen kann ich's, Captain Blood.«

Wulff nickte. »Shannon, hol die Ladys zusammen, sag allen Bescheid. Seht zu, dass jeder um elf aufbruchbereit ist.«

Schon war sie verschwunden.

• • •

»Äußerst clever, Scout«, sagte Wulff, als sie allein waren. »Gedenkst du, deine Eingebungen mit mir zu teilen? Oder gab's 'n Staatsstreich, während ich stoned war?«

»Sorry, Mann.« Clint beugte sich vor. »Aber ich denke, dir wird's gefallen, und es wird Aubrey sauber aus seinem Nehru-Jackett pusten. Hör zu ...«

Die legendäre englische Band erschien spät auf der Bühne. Sie begann ihren Auftritt unter Flutlicht. Alles außer der Bühne war so rabenschwarz wie die Nacht an der Südküste von Texas.

Weit entfernt von allem, in seinem kühlen, separaten Büroraum, lehnte sich Aubrey Favereu in seinem Sessel zurück, presste die Fingerspitzen zusammen und lauschte Blackburn, der eine Liste von Zahlen herunterspulte. Er nickte zustimmend.

Aikens, am anderen Ende des Tisches, hüstelte nervös. Aubrey blickte zu ihm hinüber. »Irgendwelche Einwände, Rex?«

Rex schüttelte seinen massigen Kopf. »Ein ordentlicher Profit!«, stellte er fest. Vor ihm lag der Berg von Banknoten, den sie immer wieder sorgfältig durchgezählt hatten. »Aber wir sind nur Mittelklasse, Aubrey. Und die richtig großen Jungs haben uns für unsere Gewinnspanne miese Ware geliefert. Ich weiß von einem Dutzend Dealern, die sich beschwert haben. Wenn das auffliegt ...«

»Das wird nicht geschehen«, schnauzte Favereu.

»Aber falls doch ...«, beharrte Rex.

Blackburn, der immer noch die bernsteinfarbene Sonnenbrille trug, blickte von seinem eigenen Geldhaufen auf und starrte den dicken Mitorganisator an.

»Dann haben wir immer noch die Biker, auf die wir die Schuld schieben können. Und wir können es beweisen mit dem Stoff, den du ihnen untergeschoben hast.«

Aikens stand der Schweiß auf der Stirn. »Ich weiß, dass der Stoff miserabel ist. Sonst wäre unser Gewinn wohl kaum so hoch.« Er kicherte. »Wir werden wohl die Wölfe den Wölfen vorwerfen müssen, wenn ihr versteht, was ich meine. Ich hab's euch ja schon heute Nachmittag auf Band gesprochen ...«

Aubrey schlug mit der Hand auf den Tisch, sodass einige Geldscheine aufwirbelten. »Auf Band gesprochen? Aikens, du ...«

Während die britische Band sang, während die Menge Beifall kreischte, während die Veranstalter um ihren Tisch herum saßen, liefen die Vorbereitungen der Wölfe auf Hochtouren.

Der Großteil des Rudels hatte auf den Parkplätzen Formation eingenommen. Die laute Musik übertönte das Grollen ihrer Maschinen.

Godzilla, der dreihundert Pfund schwere Waffenmeister, riss lässig einen Monolith-Lautsprecher aus seiner Halterung. Abreißende Kabel sprühten in der Dunkelheit Funken. Niemand schien es zu bemerken oder sich darum zu kümmern. Weitere Lautsprecher gesellten sich zu dem Sperrmüllhaufen, der vor dem *Fave Rock*-Trailer aufragte, direkt vor den verhangenen Glasscheiben der Eingangstür. Leise, fleißige Hände improvisierten so eine vier Meter lange Rampe, die sich vom Boden bis zur Mitte der Glastür erhob.

Backer rollte mit seiner Harley auf den Rand der Rampe zu. Er konnte Colt hören, der direkt hinter ihm mit gespreizten

Beinen seine goldene Triumph im Gleichgewicht hielt. Daneben wartete Godzilla geduldig. Wulff und Roper setzten mit einem Tritt auf den Starter ihre Maschinen in Gang.

Innen drin hatte Rex seinen Bericht über die Tonbandaufnahme beendet und eine hektische Suche nach der Kassette ausgelöst. Blackburn wollte gerade die Außentür öffnen, als Clint befahl: »Wagen, loooooos!« Er schoss die Planke hinauf. Als die Glasscheibe zersplitterte, schloss er kurz die Augen. Seine Maschine kreiste donnernd im engen Büroraum wie ein Dinosaurier in einer Hundehütte.

Harry lehnte sich gegen den umgestürzten Schreibtisch, seine Hand verschwand in der Innentasche seiner Jacke und zog einen 38er Revolver hervor.

Mit einem *Twangggg* nagelte Ropers Messer Blackburns sandfarbenen Ärmel an der Schreibtischplatte fest. Die Biker umkreisten die eingepferchten Veranstalter.

»Ich mache von der Schusswaffe Gebrauch ...!«, stammelte Rex mit zittriger Stimme und richtete den kurzen Lauf eines 22ers auf Ropers Ohr.

»Falsch!« Clint schleuderte ihn zu Boden und ergriff in derselben Bewegung die Waffe.

»Hast was bei mir gut!« Roper zog seine Klinge aus dem Schreibtisch.

»Schreib es auf unsere Rechnung.« Clint zerrte Blackburns Jacke runter.

»Das könnt ihr nicht ... Man wird euch hören ...«, stammelte Aubrey, als sie ihm sein Shirt grob herunterrissen und seine Arme fesselten.

Aber die Band spielte und die Menge tobte und der *Fave Rock*-Trailer stand weit ab vom Schuss.

In ihrer psychedelisch gemusterten Unterwäsche wurden die Veranstalter auf ihren Stühlen festgebunden. Favereu versuchte verzweifelt seinen Knebel zu lockern.

»Hey, seht euch das mal an«, rief Colt. Er war von seinem Motorrad gestiegen und hob eines der Bodenbretter hoch.

»Hast du ihr Geheimversteck gefunden?«, fragte Wulff vorwärtsrollend.

Colt langte mit der Hand unter die Diele und begann, Plastiktüten mit weißem Puder, Tabletten und Bargeld herauszuziehen.

»Das reicht für 'nen langen, erholsamen Sommer«, bemerkte Wulff ruhig.

Aubrey hatte sich inzwischen von seinem Knebel befreit. »Ihr wisst nicht, mit wem ihr euch anlegt, ihr stinkenden Verbrecher. Ihr werdet mehr Ärger bekommen, als ihr schlucken könnt.«

Gemächlich wedelte Wulff mit einem Pulversäckchen unter der Nase des fuchsteufelswilden Promoters. »Du hast 'ne Klasse zu hoch gespielt, Aubrey, Freundchen. Deine Leute werden *dich* belangen und nicht uns. Wir haben das hier ...«

Mit seinem anderen Handschuh hielt er das Band hoch. »Und wenn du die Profis ins Spiel bringst, werden sie erfahren, dass wir dies« – er hielt wieder das Pulver hoch – »entweder uns selbst reingezogen oder vertickt haben, damit sie ihr Missfallen darüber an dir auslassen können ... Sie werden ihren Stoff abschreiben müssen ...«, er tätschelte die Wange des Veranstalters, »... und dich ebenfalls.«

Favereu tobte noch immer, als sie aus der Trümmerstätte davondonnerten. Doch Clint hatte schweigend beobachtet, wie Colt heimlich einen Plastikbeutel aufgehoben und unter seine Lederkutte geschoben hatte.

Plötzlich rief Colt aus: »Seht euch das an! Ich hab's heut Nachmittag bekommen und dem ollen Aubrey ist's mit in sein Versteck geflattert!« Er lachte und warf die billige gelbe Broschüre mit dem grob gezeichneten Kreuz in die Luft.

Die Maschinen sprangen aus dem Trailer heraus, nahmen draußen in der Dunkelheit ihren Platz an der Spitze des wartenden Rudels ein und heulten durch die Zeltstadt, verfolgt von Aubreys Gezeter und der Musik der Band.

Am Tor ging Wulff, der das Rudel anführte, vom Gas. In seinem Scheinwerfer-Kegel tauchte die Gestalt des dunkelhäutigen, hageren Mannes auf. Wulff konnte nur ausweichen oder ihn über den Haufen fahren.

Der Mann bewegte sich keinen Zentimeter und Clint, der Zweite Rider, sah, wie sich das Licht in den Augen des Fremden widerspiegelte.

Wulff gab abrupt Gas, zog seine Maschine nach links und umkurvte den Hageren. Clint fuhr hinter ihm her, wobei er den warnenden Blick des dunkelhäutigen Mannes mied.

Die anderen Motorräder und die Vans folgten ihren Anführern. Zweihundert Maschinen drängten an dem bewegungslos verharrenden Mann vorbei und durchschnitten dann die texanische Nacht.

Die Ranch

Die Wölfe heulten quer durch Texas, im Rauch ihres wild verprassten Bargelds, im Feuer ihrer heißen Debatten um ihr nächstes Ziel.

Über die Interstate 45 schlängelten sie sich durch den dichten Verkehr Houstons. Mit weit geöffneten Butterfly-Vergasern stießen sie auf die I-10 und donnerten dann gen Westen in Nachtfahrt. Durch Sealy und Columbus ging die Tour. Sie ließen Flatonia und Schuser hinter sich, strömten hinein ins milde San Antonio und zur anderen Seite wieder hinaus. Im Wettlauf mit der aufgehenden Sonne zerwühlten sie den Staub, der die 563 Meilen zwischen dem Festival und El Paso bedeckte.

Shannon rührte sich in ihrem Parka hinter Wulff.

»Wohin ziehen wir diesmal, Wulff?«

Wulff erhob seinen staubigen schwarzen Handschuh und wies in den Wind.

»Klar ... aber wohin genau?«

Sie spürte, wie der große Mann mit den Schultern zuckte.

»Sonst wohin.«

An einer Raststätte der 76 stiegen die Biker steifbeinig ab. Die meisten Gäste verließen fluchtartig das Nachtrestaurant, als das Rudel hineinschwankte.

»Wo geht's denn hin, Jungs?« Die neugierige Kellnerin mit Bienenkorb-Frisur brachte die ersten Ladungen Steak mit Eiern.

Colt nahm einen Bissen seines blutigen Steaks. »Sonst wohin.«

Clint, der Kundschafter des Rudels, breitete eine zerfledderte Landkarte über die Theke und stach mit dem staubigen Zeigefinger auf einen winzigen Fleck.

»Red River.« Seine rostfarbenen Augen glitzerten über den Tisch Wulff an. »Ist wie im Kino. Kleines spießiges John-Wayne-Bergstädtchen. Es heißt, dass es nächste Woche überrannt wird. Ich wette, dass die Dörfler davon noch nichts mitgekriegt haben. Bikes aus den ganzen Staaten. Sie werden den Ort so gut abnagen, dass hinterher nicht mal mehr Knochen übrig bleiben.«

Wulff zeigte grinsend seine kleinen weißen Stumpen hinter dem schwarzen Bart. »Nicht, wenn wir zuerst da sind.«

Doch als die Karawane mittags in Nordwest-Oklahoma rastete, fehlte Colt.

»Ich weiß, wo er steckt«, sagte Clint grimmig. »Ihr zieht weiter. Wir stoßen zu euch, bevor ihr Red River erreicht habt.«

»Ständig fahrt ihr Extratouren«, grollte Wulff.

»Und immer holen sie uns wieder ein«, beschwichtigte ihn Roper lächelnd.

»Geht, spielt schön Fangen und Verstecken – ihr wahnsinnigen Backer-Brüder.« Wulff bleckte wieder seine Zähne.

»Vielleicht haben wir ja eines Tages alle Verstecke durch.« Backers Harley verschwand in einem gelben Staubwirbel.

Er fand Colts Triumph genau dort, wo er sie erwartete. Sie lehnte auf ihrem Ständer vor einem baufälligen Ranchhaus auf dem Weg nach Woodward im Oklahoma Panhandle. Backer hielt auf der Anhöhe oberhalb, die Handgelenke über dem Lenker verschränkt. *Colt, warum kannst du alte Geschichten nicht hinter dir lassen?*

Dann fuhr er ins Tal hinab.

Colter trat auf die hölzerne Veranda, als er Clints Maschine hörte. Er sah so aus, wie Clint ihn nicht mehr anders kannte: geweitete Augen, blasse Haut trotz Wettergerbung, pochende Schläfenadern.

Insgeheim fluchend stieg Backer ab und erklomm die Holztreppe. Dann grüßte er die tief gebräunte Frau mit den scharfen Wangenknochen, die Colt durch das Fliegengitter folgte.

»Hallo, Ma.«

Colt schlug ihm auf die Schulter. »Wusste, dass du auftauchen würdest.« Er öffnete die Fliegengitter-Tür. »Ma hat gerade in Erinnerungen über dich geschwelgt. Komm und setz dich 'ne Runde. Ma hat bestimmt Lust, uns einen Apfelkuchen zu backen«, gluckste er. »Na, was sagst du dazu, Ma?«

Ohne sich umzudrehen, langte die Frau hinter sich und zog das Fliegennetz wieder zu, ihrem jüngeren Sohn ins Gesicht. »Wer essen will, muss auch arbeiten. Die Kühe müssen gemolken werden.«

»Und was macht Harvey so?«, fragte Colt. »Wieder auf der Jagd?« Seine Stimme versagte beinahe und Clint schämte sich deswegen. »Er schießt mehr Krähen ab als jeder andere in der Gegend.«

»Dein Stiefvater ist krank.« Sie drehte sich um und ging ins Haus. Die Brüder folgten ihr.

»Dann bezahlen wir dafür, liebliche Mutter.« Colt stand auf dem runden Lumpenteppich in der Stube und zerrte ein Bündel Scheine aus seiner Jeans hervor. »Hier ... hundert Grüne für ein Stück Kuchen.« Er warf das Geld auf den alten Fernsehapparat.

Ein Wisch von ihr und das Geld flatterte auf den Boden. »Schmutziges Geld ... Ich weiß es genau. Schmutzig seid ihr. Wart ihr schon immer.«

Auf dem Boden kniend sammelte Colt das Geld auf und legte es sorgfältig wieder auf den Fernsehapparat neben die Antenne. Mit zitternden Fingern legte er noch mehr Scheine daneben.

Sie ignorierte das Geld. »Ist die Polizei hinter euch her?«

»Nein, Ma. Schau her, zweihundert ... drei ... fünf ... fünfhundert Dollar für ein Stück Kuchen.«

»Colt ...«, Backer legte seine Hand auf die Schulter seines Bruders. »Lass uns gehen.«

Plötzlich schrie die alte Frau auf: »Ja, nimm ihn nur mit. Du hast ihn mir ja schon mal weggenommen!«

Mit zusammengebissenen Zähnen stieß Backer hervor: »Ich hab ihn aufgelesen, als du ihn weggeworfen hattest.«

»Wir haben ihn nur zu seinem Besten ins Heim geschickt! Dort hat er eine Chance gehabt! Er war mein Kindchen, mein braves Kind. Aber du, Clinton, du warst niemals lieb.«

»Nein«, stimmte Clint zu, »das war ich wohl nie.«

»Dein richtiger Vater hat versucht, dir die Furcht des Herrn einzubläuen. Aber ich hab nur in deine wahnsinnigen Augen geguckt und wusste, dass es sinnlos war. Und als du ausgerückt bist auf deinem Feuerstuhl, da habe ich Gott dafür gepriesen!«

»Amen.« Clint öffnete die Tür. »Lass uns aufbrechen, Colt.«

Überraschend schnell stürzte die alte Frau an ihnen vorbei und riss die Fliegengitter-Tür zu. »Warum musstest du Colter in die ewige Verdammnis reißen? Warum?«

Backer lehnte sich gegen den Türrahmen, einen Arm um die schmale Schulter seines Bruders gelegt. »Ma, du und Harvey, ihr habt dem Sozialarbeiter gesagt, Colt sei unerziehbar. Ich weiß das. Wie oft habt ihr ihn da besucht, wo ihr ihn hingeschickt habt? Wie oft?«

Sie schaute weg, ihr Gesicht so angespannt, dass sie nur noch wie ein mit Haut überspannter Schädel wirkte. »Wenn sie ihn wieder zu meinem Kindchen gemacht hätten, hätten wir ihn abgeholt.«

Colt streifte den Arm seines Bruders ab und schrie: »Clint hat's getan, Ma. Clint walzte mit seinem Hocker vor. Wir machten gerade Leibesübungen. Zumindest haben sie es so genannt. Mr. Walsh ließ mich fünfzig Liegestützen extra machen, weil ich nicht aufgepasst hab.

›Ich kümmer mich um dich, Kleiner‹, hat Clint nur gesagt. Ich bin aufgesprungen und hab mich nie wieder umgeschaut. Clint hat mich zum Rudel gebracht. Da nehmen sie mich so an, wie ich bin. Und die kennen keine Angst. Nicht vor Menschen. Nicht vorm Tod. Vor nichts.«

Spöttisch lachte sie: »Dummkopf! Dieser Abschaum akzeptiert dich nur so lange, wie du den rauen Mann markierst. Warte nur, bis sie herausfinden, wie furchtsam du wirklich bist. Deine Ma kennt dich.«

»Ich hab keine Angst mehr ... vor gar nichts. Clint hat mir das beigebracht.«

»Mein kleines Colter-Kindchen, das sogar beim Mittagsschlaf Albträume hatte! Du gehörst zurück nach Hause!« Ihre Stimme hatte sich zum Geschrei gesteigert.

»Ma, ich bin jetzt erwachsen oder beinahe.«

Eine verwaschene Stimme erklang aus dem Schlafzimmer: »Lucille, was ist das für ein Spektakel?«

»Nur zwei Jungs, die hier mit Motorrädern vorbeifahren. Geh wieder ins Bett!«

Sie stieß Colt hart vor die Brust. Er stolperte gegen seinen Bruder. »Na los, nimm ihn! Nimm meinen Kleinen mit zurück in die Hölle!«

Als sie abfuhren, beide Fahrzeuge Seite an Seite, rief Backer zurück: »Ich passe auf deinen Jungen auf!«

Sein Bruder lachte. »Du hast die alte Dame gehört.« Seine Triumph schoss voran. »Lass uns zur Hölle fahren!«

• • •

Am nächsten Morgen stießen die Backers wieder zur Gang nördlich von Albuquerque, als die Sonne wie ein orangefarbener Feuerball über den Tankstellen und Raffinerien aufging. Sie donnerten pfeilschnell den langen Hügel unterhalb

von Santa Fe hinab, ließen dann Santa Fe und Camel Rock hinter sich. Dann rollten sie durch Taos und erklommen die letzten gewundenen Meilen zum kleinen Bergstädtchen, das sie in der würzigen Kiefernluft am Ende ihrer Strecke erwartete.

Niemand außer Clint und Godzilla bemerkte das einfache kleine Schildchen, das man vor den ersten Gebäuden aufgestellt hatte:

Red River, Colorado
3600 Einwohner
Gesellen Sie sich zu uns!

Clint lächelte grimmig über diese leichtsinnige Einladung, sodass sich die kleine Narbe am linken Mundwinkel verzog. Godzilla stieß mit Verspätung zur Gang in die Stadt. Er hatte angehalten, um das Schild von seinem zierlichen Pfählchen zu pflücken, und schnallte es sich nun auf seinen Hocker als Souvenir.

»Postkarten verliert man immer«, bemerkte er.

Die Westernstadt

Es war eine halsbrecherische Nachtfahrt gewesen, nach der sie jeden Knochen einzeln fühlten. Doch nun rollten die Wölfe in die arglose Gebirgsstadt ein, einen Tag vor dem großen Biker-Ansturm.

Colts Puls hämmerte im Rhythmus der Amphetamine, als er um die letzte Kurve der Landstraße jagte und in die Stadt einbrach als erster Stein einer Lawine aus Gummi und Chrom.

Seine goldene Triumph hüpfte eine paar ächzende Stufen hinauf auf den überdachten Bürgersteig, sprang in unmöglicher Weise nach links und grollte an den Geschäften vorbei, die soeben erst geöffnet hatten. Die polternden Planken und der Donner der Maschine lockten verschreckte Köpfe aus den Fenstern und Türen hervor.

Ein älterer, rosa angelaufener Frauenkopf spähte durch den Türrahmen eines Teelädchens.

Als die Triumph an ihr vorbeifegte, rief sie über die Schulter: »Annie, ruf die Nationalgarde!«

Sie zuckte zusammen, als die Bremsen der Triumph kreischten.

Genüsslich rollte Colt die goldene Maschine zurück zum Eingang des Teegeschäfts.

»Morgen, Ladys!«

»Ein schöner Morgen wird das für euch, wenn erst die Truppen da sind!«

Colt lehnte sich über den Lenker mit einer Hundert-Dollar-Note zwischen den Fingern. »Ein schöner Tag, um zu leben ... falls Sie sich an das Gefühl noch erinnern können.« Er schnipste die Banknote in den Eingang.

Schnell wurde sie aufgenommen. »Wir müssen uns ums Geschäft kümmern, Annie.« Die Tür schlug zu und das *Heute-leider-geschlossen*-Schild pappte hinter der Scheibe.

»Ein schöner Tag, um zu leben«, wiederholte Colt und ließ seinen Hocker wieder den Gehsteig hinunterrasseln.

Dann, nach einer Denkpause: »Zumindest ist es ein schöner Tag.«

Die Wölfe waren nur eine weitere Schockwelle, die über die Stadt kam. Sie waren längst nicht der erste Überfall, den sie ertragen hatte seit ihren Anfängen, als die Schürfer sich das Land unter die Finger rissen und die kostbaren Metalle aus den Tiefen der Erde schnitten. Heute waren sie fort, das Gold und Silber und die großen Bergbaugesellschaften. An den erschürften Wohlstand erinnerten nur noch die mit Silber oder Gold besprühten Granitklumpen in den Schaufenstern der Touristenläden.

Ironischerweise war die Stadt auch mit wilden Männern vertraut, die mit Whiskey abgefüllt mit Revolvern um sich schossen. Wer zu langsam zog, wie die Stadtchronik zu berichten weiß, tränkte sterbend mit seinem Blut die Hauptstraße.

Postkarten wurden angeboten mit dem Konterfei des schwindsüchtigen Doc Holiday, der hier auf seiner letzten Fahrt zur Kur nach Glenwood Springs durchreiste.

Es gab Federzeichnungen von Wyatt Earp und auch von Bat Masterson, auch wenn ihr Abbild sich eher an die neuesten Fernsehserien anlehnte und ihr Schicksal zuletzt weniger dramatisch verlaufen war. Masterson starb als gesetzter Sportjournalist in Denver und Earps Spuren verlieren sich in einer Skandalwolke. Doch sie wurden als gefährliche Männer bekannt und einige Ältere prahlten noch mit ihren Großvätern, die die Desperados von einst mit dem Vornamen angeredet hatten.

Nun war die Barbarei zurückgekehrt mit dem Geheul der Wölfe, die brüllend und schreiend ihren Weg durch die Straßen erzwangen. Doch Red River hielt den gemeinsamen Finger an der Telefonwählscheibe zurück und sog den Duft von großzügig verteilten Banknoten ein, den der morgendliche Bergwind herangeweht hatte.

Die Wölfe schlugen begierig ihre Fänge in das Fleisch der Stadt, als sich das Rudel durch die staubigen Straßen ergoss und unter die vielen Urlauber und in den Samstagsverkehr mischte.

Wulff wich im letzten Moment einem schwerfälligen Wohnmobil aus. Auf die Flüche des Fahrers hin schaute Shannon über ihre Schulter und streckte die Zunge raus. Der halbwüchsige Beifahrer im Camper quittierte dies mit einem Lächeln.

Colt riss den Lenker herum, um einem wie verrückt bellenden gelben Hund auszuweichen, woraufhin seine Triumph schon wieder die Stufen des Plankenwegs hochpolterte. Er bremste verzweifelt, als sein Vorderrad eine Apothekentür erlegte. Quietschend kam er schließlich genau vor der Ladentheke zum Stillstand.

Ein gesetzter Mann mit gelblicher Haut und Brille fegte sich die Splitter vom Kittel und kritzelte mit einem Bleistiftstummel auf dem Rechnungsblock. »Geschätzter Schaden etwas über achtzig Dollar. Ich muss doch nicht die Truppen rufen?«

Colt warf ihm einen weiteren Hunderter hin. »Und einmal Jodtinktur, bitte.«

Eine rothaarige Kellnerin lehnte in ihrem Türeingang und sah, wie der gelbe Hund davonschlich. Sie strich sich ihr Haar aus dem Gesicht und hustete.

»Lausiger Staub. Lausige Stadt. Lausige Biker.«

Clint erspähte die unbeleuchtete Neonschrift über ihr, die DARBY'S TANZBAR ankündigte. Die Schrift hing schief, als wenn sie einem unachtsamen Riesen aus der Hand geglitten wäre.

Dann wanderte sein Blick hinunter auf die Kellnerin und er schaltete seine Harley aus.

»Haben wir nicht genug Staub, ohne dass ihr Hooligans durch die Gegend galoppiert?«, fragte sie. Ein Wischtuch baumelte von ihrer Schürze.

»Das weißt du besser als ich.« Er ließ den Ständer ausschnappen und stieg die Stufen empor. Wo der Ofen vom Scout stand, würde der Rest des Rudels bald folgen.

»Du schluckst wohl gerne Staub, nehm ich an?«

»Nee. Aber Herumgaloppieren ist okay.«

Andere Biker drängten sich zu ihm.

»Galgenvögel! Wer bist du – Wild Bill Hickok?«

»Nee.« Er tätschelte ihre Wange und steuerte auf einen Tisch zu. »Durstig bin ich.«

Der Raum füllte sich mit dem Geruch von Leder und Schmierfett, während sich eine antike Jukebox räusperte und dann den Sound von Jefferson Airplane hinausplärrte.

Spyder, der einhändige Biker, hatte seinen Haken in die Rückwand der Maschine geschlagen und stellte die Lautstärke auf Maximum. Die Fenster klirrten.

»Wie wär's mit was Kühlem, Rope?«, rief Clint und lehnte sich zurück.

Roper schwang sich über die Bar und ein voller Bierkrug segelte durch den Raum. »Aufgepasst!«

Backer fing den Krug, hatte das Gesicht voller Schaum.

»Braves Hundchen, Roper."

»Wuff, wuff!« Roper goss sich einen eisigen Krug über seinen eigenen Kopf und japste, als die kühle Flüssigkeit auf sein fiebriges Fleisch traf.

Ein kleiner, wütender Mann in rotem Flanellhemd und mit Zwiebelgesicht eilte aus dem Hinterzimmer.

»Was ist denn hier los!«

»Dies hier ist Darby's Tanzbar«, erklärte Roper. »Genau das ist hier los.«

»Ganz geh-nau. Und das ist meine Bar und ihr Gammler könnt nicht einfach ...«

»Du sein Darby?«, erkundigte sich Godzilla, der dreihundert Pfund schwere Waffenoffizier freundlich.

Das zornige Zwiebelgesicht hüpfte auf und ab hinter dem Flanellkragen. »Ihr Schnorrer könnt hier nicht einfach hineinspazieren und ...«

»Hübsch hier, Hänfling«, sagte Godzilla, »nich' geputzt, seit Noah die Arche parkte, nich' bös' gemeint.«

Wulffs Gestalt füllte den Türrahmen. Dann flappte er sich neben Clint und ließ schäumendes Nass aus dem Krug in seine weiße Kehle rinnen.

Auf der Straße kreischten schon wieder Bremsen. Durch das schmutzige Fenster sahen sie, wie Colts Triumph eine fast vollständige Pirouette drehte, um einem Pick-up auszuweichen.

»Eines nahen Tages bricht er der Triumph die Eingeweide«, brummte Clint.

»Er wird sich selbst längst vorher den Hals brechen.« Wulff wischte sich mit seiner Tatze den Mund.

Darby riss dem verblüfften Wulff den halb leeren Krug aus der Hand und schrillte: »Die Cops werden *euch* die Eingeweide rausreißen, ehe ihr austrinken könnt.«

»Ahh ...«, grinste Wulff, »mein edler Gastgeber.« Er wandte sich an Clint. »Öl doch mal die Quietsche, Backer.«

Clint zog aus seiner Lederrüstung einen prallen, perlenbestickten Beutel. Sorgfältig zog er drei Hundert-Dollar-Noten heraus.

»Behalt auch ein kleines Trinkgeld für dich, Alter.«

Der Kleine starrte fassungslos auf die Dollar in seiner Hand.

»Ich nehm an, er weiß, was das ist?«, fragte Wulff besorgt.

»Geld, das is'«, brüllte Godzilla Darby ins Ohr. »Weiß'e, damit bezahl' man Sachen, die alle und kaputt sin'«, und fügte entschuldigend hinzu: »Wir mach'n immer viel alle und kaputt.«

Kann man damit auch den Schaden beheben, wenn die Backer-Brüder hin und alle sind?, fragte sich Clint, während draußen sein Bruder die Triumph durch die Straßen drosch.

Wulff zog eine Augenbraue hoch. »Was sachs'e da?«

Backer schüttelte den Gedanken ab. *Krankhaft – werd wohl langsam zu alt für Clown- und Cowboyspiele.*

Darby knitterte eine Banknote und rieb ihre Oberflächen aneinander.

»'s echt, Mann«, blaffte Wulff. »Ori-gi-nal Yankee Kohle. Is' auch nich' gestohlen gemeldet. Überprüf nur!«

Darby stotterte: »Das kann aber nicht lange so weiter gehen, wie ihr Tagediebe euch ...«

»Lass uns wissen, wenn du noch mehr für deinen Alters-Sparstrumpf brauchst!«, sagte Backer und wischte sich den Schaum von den Lippen.

»Noch'n Bier, Deppi.« Wulff hielt seinen Krug hin.

Der Wirt schaute auf das Papier in der einen und den leeren Krug in der anderen Hand. Seine kleine rosa Zunge kreiste einmal über die Lippen, als er vor sich hin starrte.

»Fass!«, sagte Backer ruhig.

Darby schaute schließlich auf. »Welche Marke darf's denn sein?«

»Was immer das Haus anzubieten hat«, erwiderte Wulff. »Die Wölfe sind ganz scharf auf alles, was es für Geld gibt.«

»Gibt es denn irgendwas, was man nicht kaufen kann?«, fragte Backer vor sich hin, als der Besitzer murmelnd davonwatschelte und die Scheine zählte. Die rothaarige Bedienung huschte inzwischen von Tisch zu Tisch.

»Guter Mann, unser Doofi«, bemerkte Wulff. »Ein Ritter in leuchtendem Flanell.«

»Muss'n toller Hecht gewesen sein, als er noch lebte«, prustete Backer.

»Weiß'e«, Wulff beugte sich vertraulich über den Tisch »das is' so 'ne Art – wie sagt man – Laborversuch. Wir haben sowohl alles nötige Kleingeld als auch alle Party-Artikel, die wir brauchen.« Er deutete hinüber zur Bar, hinter der Darby emsig den Zapfhahn bediente. »Wir könnten die ganze Stadt über den Abhang schieben!«

»Warum?«, fragte Backer.

Wulff gab wieder jenes patentierte Glucksen aus der Tiefe seiner Kehle von sich. »Nur um zu sehen. Is' der Hammer, Alter! Der alte Aubrey wird über seine verlorenen Drogendollar kein Wörtchen verlauten lassen. Und wir können die Stadt durchwalken, bis ihr das Rückgrat bricht und dann einfach sagen: ›Setzt es auf die Rechnung.‹«

»Wo liegt denn darin der Spaß?«

»Weil wir sehen werden«, flüsterte Wulff, »mit eigenen Augen sehen werden, dass man *alles* kaufen kann. *Alles*!«

Kurz dachte Backer traurig darüber nach, ob der Leitwolf wohl recht hatte.

Wulff unterbrach seine Erörterungen: »Wachteln voraus!«, meldete er.

Backer sah eine Gruppe von College-Studentinnen, offensichtlich Urlauberinnen, die sich um einen Tisch geschart hatten. Er stand auf und ging zu ihnen.

»Was dagegen, wenn ich euch 'n bisschen Gesellschaft leiste?«, fragte er höflich und baute sich vor dem Tisch auf.

»Wäre es sehr schlimm für dich, wenn wir ›Nein‹ sagten?«, antwortete eine Blonde. Ein anderes Mädchen kicherte.

Backer nickte. »Natürlich. Ich müsste dann woanders hingehen.«

»Na, dann geh mal woanders hin«, sagte das erste Mädchen und die Gruppe lachte.

»Na, dann ...« Er packte den Tisch und schob ihn drei Meter über den Boden. Dann stemmte er die Blonde mitsamt Stuhl hoch und setzte sie dort an den Tisch.

»Nun sind wir woanders.«

Die Blonde stotterte etwas, aber blieb. Die anderen schlossen sich ihnen an.

»Was macht ihr denn so?«, fragte die Blonde wenig später, als die rothaarige Kellnerin durch das Chaos wuselte und Darby die stetig wachsende Rechnung mitkritzelte.

»Machen? Wir überleben.« Clint nahm einen Zug.

»Das klingt aber nicht sehr aufregend.«

Er zuckte mit den Schultern. »Wir sind frei.«

»Aber hast du denn nicht ... irgendjemanden, der dir wichtig ist ... jemand Besonderes?«

»Es gibt keine wichtigen Leute«, lächelte Backer.

»Keine ... wichtigen Leute ...« echote die Blonde und trank dann schnell ihr Glas leer.

Kreischen drang wieder von der Straße. Die Gruppe in der Bar schaute gerade noch rechtzeitig aus dem Fenster, um Colts Triumph seitlich wegrutschen zu sehen, wie sie ihren Fahrer abschüttelte, sich über ihn warf und endlich abwürgte.

Colt fühlte sich vom warmen, gelben Metall behaglich zugedeckt. Das Kokain wärmte ihn noch immer und er kümmerte sich nicht um das Gewicht.

Dann verengten sich seine Augen. Hinter dem Lenker erspähte er den Umriss eines Revolvers, lang und schwarz vor rotem Filz, im Schaufenster eines Waffengeschäfts.

Er schob das Motorrad beiseite und ging auf den Laden zu.

Die Waffe wartete auf ihn. Sorgsam stieg er die Stufen hoch und seine Hände pressten sich an die Scheibe vor der Pistole.

Innen angekommen, rief die schrillende Klingel einen alten Mann an die Theke.

»'n ich ihnen helfen?«, fragte er unsicher.

»Die Kanone.«

»Hä? Ach, Sie meinen die 45er dort drüben. Das ist ein Prachtstück, was? Dürfte über achtzig Jahre alt sein.«

»Das sehe ich.«

»Sie kennen sich mit Waffen aus, was, Jungblut?« Er lehnte sich vor. »Wissen Sie, ich hab sie vor zwanzig Jahren von so 'nem Typen gekriegt. Hat 'n Dokument dabeigehabt, das sagt, dass sie Buffalo Bill Cody gehört hätte.« Er gluckste. »Sie haben sie *doch* nicht alle, die Raffzähne vom Museum auf dem Aussichtsberg.«

Colts Finger tasteten im Laden über den Schaukasten.

»Unverkäuflich, natürlich«, sagte der alte Mann. »Die behalt ich, bis ich sterbe.«

Colt starrte wie gebannt auf das Stück.

»Kann ich Ihnen sonst irgendwie dienen?« Dann, nach einer kurzen Stille: »Möchten Sie etwas kaufen, Jungblut?«

Der Alte gab es auf und begann Patronenschachteln zu sortieren.

Als er sich wieder umdrehte, lag eine Hundert-Dollar-Note auf der Theke.

»Hey, Mister! So geht das aber ...«

Blutrote Augen ruhten auf der Waffe. Colt pflückte weitere Scheine aus seiner Jeans und ließ sie auf die Theke rieseln.

»Freundchen, das sind fünfhundert, sechshundert ...«

»So schwarz ...«, flüsterte Colt andächtig und ließ weitere Scheine schneien, »... wie eine Kobra.«

»Mister, dieser Revolver ist unver...«

»Yeah, Ol' King Kobra.”

»Das sind acht, neun, satte tausend Dollar hier! So viel ist keine Pistole wert.«

»Dann gehört sie mir.« Seine Finger knallten in die Vitrine durch splitterndes Glas.

Liebevoll nahm Colt den Revolver hoch. Dann wiegte er ihn mit seiner Hand an der Brust.

»Gib mir die Bohnen dazu!«

»Das Ding wurde seit Jahren nicht mehr abgefeuert. Sie blasen sich damit Ihren närrischen Kopf weg!«

Mehr Geld sammelte sich auf der Theke. »Da vorne ... ich seh sie von hier.«

Der alte Mann sah auf die Scheine.

»Ich krieg das hin«, sagte Colt. »Sie wird funktionieren wie in ihren besten Jahren.«

»Jungblut ... o!« Mit einem Fluch warf er Colt eine Patronenkiste hin und kratzte das Geld auf. »Ist ja nicht mein Kopf!«

»Codys Knarre«, flüsterte Colt ehrfürchtig, stieß sie in seine Jacke und spazierte ins Sonnenlicht, dorthin, wo seine Triumph noch immer zu Boden gestreckt lag.

Spyder, Deacon, Porky und drei weitere Biker standen um das umgestürzte Motorrad herum und zerrten an einem jungen Mädchen in einer Schnellrestaurant-Uniform.

Sie kämpfte sich frei und lief dann in Colt hinein.

»Bitte ... ich muss zur Arbeit.«

»Lass sie los, Colt. Wir haben sie zuerst gesehen«, rief Spyder.

»Sieht aus, als wenn sie nicht mit euch spielen will«, erwiderte Colt und hielt sie fest.

»Is' okay«, antwortete Deacon. »Wir sind Wölfe. Wir bezahlen, was wir reißen ... schon vergessen?«

Colt hielt das Mädchen immer noch fest.

»Bisher hat sich noch niemand in dieser Stadt bei mir beschwert«, sagte Spyder, grub in seiner Lederkutte und warf dem Mädchen einen Stoß Bares zu. »Schon mal so viel Schotter gesehen, Hamburger-Patty?«

Das Geld fiel vor ihr auf den Boden.

»Ich bin nicht zu kaufen«, stieß sie hervor und schaute dann zu Colt auf. »Ich muss jetzt zur Arbeit ... bitte!«

Die anderen sechs Rider formten einen bedrohlichen Halbkreis.

»Süßes«, seufzte Colt. »Du bist im falschen Film. Wenn du Service suchst, ruf den Pizza-Dienst. Die tun was für dich. Ich bin nicht der Einsame Rächer. Ich bin nur seine Karikatur.«

»Wir nehmen sie dir ab.« Deacon griff nach ihr, doch Colt zog sie wieder zurück.

»Noch mal: Grabschen ist ungezogen.«

»Denkt, er ist sicher, weil er der Bruder vom zweiten Fahrer ist«, spottete Spyder.

Colt lachte. »Niemand ist sicher in diesem Leben, nicht wahr, Spyder?«

Die Rider rückten ihm jetzt bedrohlich nahe. »Little Colt hält sich jetzt auch für einen Banditen.«

»Bin kein Bandit«, antwortete Colt und musterte den Halbkreis.

»Er wird vernünftig«, grinste Spyder.

»Bin Psychopath.« Der Lauf des riesigen Revolvers klebte plötzlich unter Spyders Kinnlade.

»Man sagt, dass das Sehvermögen zuletzt schwindet«, flüsterte Colt. »Schau schnell nach oben, dann siehst du dein Gehirn noch am Gehsteig-Dach kleben.«

Die anderen waren sich unschlüssig. »Wette, dieser schwarze Eisenklumpen ist nicht mal geladen?«, sagte Deacon. »Komm, packen wir ihn.«

»Stopp, Alter!«, schrie Spyder.

»Sorry«, flüsterte Colt dem verschreckten Mädchen ins Ohr. »Der echte Einsame Rächer hätte jetzt seine Maske auf und eine silberne Patrone im Lauf.« Er lächelte, als die anderen Rider auf ihn eindrangen, rammte Spyder den Lauf tief in die Kehle und flüsterte ihr zu: »Wenn sie meine Karten sehen wollen, hast du noch immer einen Vorsprung von etwa zehn Sekunden. Also nutz die Gelegenheit!« Er grinste die anderen an. »Also, ihr wollt sehen, ob ich geblufft habe. Dann lasst mal euer Blatt sehen.« Er spannte den schwarzen Hahn.

»Jungs, macht kein' Scheiß!«, keuchte Spyder, doch die anderen achteten nicht auf ihn.

»Irgendwie interessant«, murmelte Porky. »Entweder geht Spyder drauf oder Colt. Steht fünfzig-fünfzig. Wer wettet?«

Aus der Kneipe gegenüber blickte Wulff über die Schulter und forderte Clint auf: »Kleiner Sehtest. Sag mir, wie die Figuren dort drüben auf der Straße heißen, von links nach rechts.«

Backer warf einen gelangweilten Blick durch das schmutzige Fenster.

»Sechs Punks, die sich für harte Kerle halten, Colt und ...«

Er sprang auf, Wulff hinterher.

Auf der Straße packte Wulff ihn am Arm. »Durch die Gasse, wo sie uns nicht sehen. Wir tun so, als seien wir Spaziergänger.«

Sie gingen durch den Seitenweg. Aus dem Nichts stieß Roper zu ihnen.

»Colt und sein dummes Spielzeug ...« Roper schüttelte den Kopf. »Kanonen gehen nie dann los, wenn man das will. Aber eine Klinge ...«

Roper ließ sein Stilett aufspringen. »Wie kommt ihr Jungs mit Messern klar?«, fragte er ruhig die zurückweichenden Streithammel.

»Vielleicht warst du schon zu lange Führer, Wulff«, lauerte Porky und trotzte dem Blick des Anführers.

»Dann ist jetzt Zeit für Nominierungen«, antwortete Wulff und trat zur Seite.

Das drohende Blutvergießen vibrierte in der staubigen Gebirgsluft. Clint wusste, dass sie nicht gewinnen konnten. Wulffs Führungsposition war angekratzt und Colt war in seinem Zustand nutzlos. Und ohne ihn war drei gegen sechs keine annehmbare Quote. Aber er zuckte mit den Schultern unter seiner Lederjacke und stellte sich vor Colt, um ihn etwas zu decken. Wenn es hart auf hart ging, wäre Colt zuletzt dran. Vielleicht würde ihm das das Leben retten ...

Ein kräftiger alter Mann in Samtkordanzug stand plötzlich mitten unter ihnen.

Niemand hatte ihn kommen hören, doch selbstbewusst stand er nun da, ein Bein auf den Stufen, eines auf dem Boden. So hielt er die Biker wirksam auseinander.

Sein rechtes gesundes Auge funkelte unter dem Schatten seiner schlaffen Hutkrempe. Er baute sich auf dem Gehsteig vor Colt und dem Mädchen auf und sagte: »Das ist kein Schlachtfeld hier.« Seine Zahnprothesen klackten, als er das Mädchen aus Colts Armen zog.

»Wo zur Hölle kommt der denn jetzt her?«, knurrte Wulff.

»Nicht aus der Hölle, du weißgesichtiger Basilisk.« Das gesunde Auge funkelte. Er zog ein antikes schwarzes Buch unter seinem Arm hervor und fing an, darin herumzublättern, ohne die Biker zu beachten.

»Der verrückte Alte muss so 'ne Art Priester sein«, stieß Deacon leise aus.

Colt ließ den schwarzen Revolver von Spyders Kehle sinken. Dankbar wankte dieser zwischen seine Kumpane.

»Ich bin ein Mann Gottes und ihr werdet mir Respekt erweisen«, sagte Einauge.

»Ich schlag dir meinen Haken in dein gesundes Auge«, schnarrte Spyder.

Clints Rechte schickte ihn in den Staub, wobei der Haken ihm Gräben in den Lederärmel zog.

»Ich bin beauftragt, den Heiden das Wort Gottes zu predigen«, verkündete der alte Mann. »Und ihr Jungs seid die heidnischsten Heiden, die ich seit Langem gesehen habe.«

Deacon lachte.

Er ignorierte ihn: »Ruhe jetzt und hört zu!« Er proklamierte laut aus dem Buch, die Hakennase über die Seiten gebeugt, während sich die Sonne in seinem Glasauge spiegelte.

»*Kommt zurück zu mir, ihr abtrünnigen Kinder, so spricht der Herr* ...« Der Alte leckte seine Lippen, übersprang ein wenig und fuhr fort: »*Aus jeder Stadt werde ich ein oder zwei annehmen* ...«

»Der Film wird mir jetzt zu gruselig.« Wulff machte sich davon. »Jemand hat mir einen Trip ins Bier geworfen. So was gibt's einfach nicht.«

Der alte Mann zitierte weiter, heiser inzwischen vom Versuch, das Gebrüll der anspringenden Maschinen zu übertönen. »*Um zerbrochene Herzen zu verbinden* ...«

Fluchend fuhr Spyder davon, doch seine Worte gingen im Geheul der Maschinen unter.

»Is' nur wieder'n Horrortrip«, knurrte Deacon. »War wieder mal 'n Pilz zu viel in der Suppe.« Er stieg auf sein Stahlross. »So leuchtet doch keiner, so redet doch keiner.« Er schwenkte die Maschine um und folgte den anderen. »Da spielt jemand unseren Köpfen einen Streich.«

Auch Roper war davongeschlichen, so leise, wie er gekommen war – ein Rauch im Wind.

Nun standen nur noch die beiden Backers und das Mädchen vor dem alten Mann.

Clint klapste auf die vom Revolver ausgebeulte Jacke seines Bruders, der die Waffe wieder eingesteckt hatte.

»Mach dich vom Acker, du bedröhnter Rächer, bevor du vor Schiss *wirklich* Blödsinn anrichtest.«

»Ich hab keine Angst!«, begehrte Colt auf. Er nahm seine Triumph auf, kickte sie an und rief noch einmal: »Nicht ich!«

Clint schüttelte den Kopf und musterte dann den Alten und das Mädchen. »Ihr Hinterwäldler habt's wohl alle faustdick hinter den Ohren.«

Der alte Mann lächelte. »Alles, was ich getan habe, war, Ihnen aus dem Wort Gottes vorzulesen. Das ist mein Beruf, Junge.«

»Ich bewundere deinen Schneid, Alter. Kannst froh sein, dass wir nicht *alle* auf dem Gehsteig waren.« Er schaute dem Alten ins gesunde Auge. »Du hast damit gerechnet, dass es so ausgeht, hä?«

»Und ich habe wohl recht behalten.«

»Das Buch da ...« Clint spürte auf einmal einen zornigen Adrenalinschub, den er selbst nicht verstand. »... du hast es *benutzt,* um Frieden zu machen!«

Der alte Prophet grinste so breit, dass er seine Prothese offenbarte. »Oder das Buch hat mich benutzt. Egal, jedenfalls wurde es schon früher benutzt, um Frieden zu schließen. Ein Vers sagt ...«

»Das glaub ich gerne. Aber Fakt ist, dass nicht Jesus dein kleines Lämmchen gerettet hat. Die Wölfe waren's ... Wir waren's ... Ich hab's getan.«

Eigenartigerweise stimmte der Alte zu. »Ja, du hast es getan. Und Lämmchen ist gerettet.«

»Danke«, murmelte das Mädchen aus dem Hamburger-Grill.

Backer lächelte. »Ihr Kleinstädter findet die Revolvermänner von früher romantisch.«

Das Mädchen wollte sprechen, doch Backer schnitt ihr das Wort ab. »Aber heute haben wir Vietnam-Veteranen, Aussteiger und Psychos. Und für euch Aufrechten sind wir alle Abschaum aus der Pfütze. Doch solange uns das Papiergeld nicht ausgeht, schluckt ihr uns. Ihr mögt an uns ersticken, aber ihr schluckt trotzdem.« Er schleuderte einen weiteren Ballen Scheine zwischen den Prediger und das Mädchen. Da lag das Geld, zerknittert und schmutzig auf dem Gehsteig.

»Trotzdem danke ich dir«, sagte das Mädchen.

»Nur gesunder Menschenverstand. Gemütliche kleine Stadt hier. Aber wir sind nun mal keine schillernden Helden, die seit hundert Jahren tot sind. Wir sind wirklich da und wir machen Zoff – zu viel Zoff. Und wir werden unseren Spielplatz wohl verlassen müssen, bevor er verwüstet ist.«

»Vielleicht wird es Zeit für dich, mit den Spielchen aufzuhören«, sagte der Prediger.

Wortlos drehte Clint ihm den Rücken zu und ging zurück ins Darby's.

• • •

Vier Stunden später kippte Roper auf seinem Stuhl gegen die Wand. »Codys Knarre, hä?«, rief er über den Jukebox-Lärm hinweg.

Der Revolver war in Einzelteilen auf einem Tuch ausgebreitet. Colt ölte die Teile und setzte sie in der Anspannung seines Drogenrausches wieder zusammen. »Da sollten noch Papiere bei sein ... Ich hab sie vergessen.«

»Ähä. Wurde wohl gut in Schuss gehalten. Den Lauf dreimal erneuert, die Trommel zweimal und einmal den Griff. Wirklich schade, dass die Papiere fehlen.«

»Nein ...« Colt schaute hoch. Seine Pupillen waren beinahe verschwunden. »Es war Codys Kanone. Ich weiß es.«

Roper schlug die Stuhlbeine wieder auf den Boden. »Woher willst du das wissen?«

»Weil ...« Mit einem letzten Klicken hatte er die alte 45er zusammengesetzt – abgewetzt und zerkratzt, aber vollständig und glänzend vom Waffenöl. »Weil ...« Colt prüfte das Funkeln der Waffe im Spiegel hinter der Bar. »Weil Oberst Cody mit diesem Ding Menschen getötet hat.« Er zielte auf sein eigenes, lächelndes Spiegelbild und drückte ab. Der Hammer schnappte klickend ein.

»Diese Waffe«, fuhr er fort, »fürchtet nicht den Tod.«

Ronda, Colts Freundin, seit Clint ihn zum Rudel gebracht hatte, schmiegte ihren dunklen Kopf an seinen. »Sein großer Bruder Clint hat ihm das Schießen beigebracht.« Sie glitt mit ihren Fingern durch sein dickes, bräunliches Haar. »Du bist ein echter Knaller ... mit Kanone.«

Im Verlauf des Tages erbebte die Bar von Bikern, Touristen, einigen verschrobenen Einheimischen und Darby, der hin und her wetzte und innerlich mit sich selbst debattierte über die Farbe seines neuen Pontiacs, den er sich leisten würde, wenn diese Wahnsinnigen verschwunden wären.

Clint war in eine Poker-Partie vertieft, ein wenig pikiert über die rotlockige Kellnerin, die nun zwar bei ihm saß, aber mit dem Kopf auf dem Tisch sanft vor sich hin schnarchte.

Wulff schwelgte von einer früheren Tour nach New Orleans. Backer verzog die Augenbrauen, als er seinen Einsatz machte. War doch schon fünf, sechs Jahre her. Seine Knorpelnase verbog sich, als er nachrechnete.

Clint schaute durchs Fenster – gerade rechtzeitig, um im Neonlicht des Superburgers gegenüber die zierliche Silhouette einer anderen Kellnerin zu erspähen.

Spyder, Deacon und Porky studierten ihr Blatt. Wulff hatte ihnen ihren nachmittäglichen Putschversuch vergeben, nachdem er sich jeden von ihnen mit einem schnellen Fausthieb vor die Füße gelegt hatte.

Der stets wachsame Wulff folgte Backers Blick. »Ganz der

Alte«, gluckste er mit einem Blick in seine Karten, »Old Scout Backer kriegt wohl nie genug ...«

Backers rote Augen schwenkten zurück auf den Tisch. »Was soll das heißen?«

Runzelnd sortierte Wulff seine Karten. »Du hast hier jede Menge Wachteln, deine Gastgeberin eingeschlossen.« Er hob den Kopf der Kellnerin am roten Haarschopf hoch.

»Zu viel Galoppiererei«, hauchte sie, bevor sie wieder in ihre Bewusstlosigkeit fiel.

»Will sehen!«, sagte Backer und legte seine Karten neben dem linken Ohr der Kellnerin aus. »Full House ... die Damen sind hoch.«

»Is' wirklich ein volles Haus, nich'«, nickte Wulff zum Superburger-Imbiss hin und warf seine Karten auf den Tisch. Die anderen taten es ihm nach.

Backers Augen ruhten auf den Chips, die er einsammelte und diesseits der Kellnerin stapelte.

»Dieser einäugige Alte ...«, begann Spyder.

»So 'ne Art Voodoo-Zauber. Leg dich nie mit Voodoo an.« Porky blies aus seinen orangefarbenen, stoppeligen Wangen. »Die haben die Antworten!«

»Man kann nicht alle Frauen haben, meinst du nicht auch, Backer?«, fragte Wulff, als Clint seinen Stuhl zurückstieß, die Karten hinwarf und durch den Zigarettenqualm zur Tür ging.

»Bin draußen.«

»Wir werden ja sehen, Old Scout.« Wulff gluckste wieder und sah hinüber zum Neonlicht des Superburgers. »Wir werden sehen.«

Clint stellte sich brav hinten in der Kundenschlange an. Als er an die Reihe kam, schaute das Mädchen mit den grünen Augen und dem brünetten Pony nicht von ihrem Bestellformular auf: »Ja, was wünschen Sie?«

»Dich.«

Nun sah sie ihn an. Der Stift, den sie soeben noch so akkurat gehalten hatte, rutschte von der Seite ab.

»Nicht mich, bitte!« Ihre grünen Augen schauten in Backers und da war irgendetwas Besonderes, abgesehen von ihren zwanzig Jahren Leben in den Bergen.

»Komm nach draußen mit mir!«

»Nein.«

»Auf meine Maschine.« Seine Finger schnipsten auf seine Harley, die neben dem Darby's parkte. Er meinte es aufrichtig. »Wir werden nur fahren. Ich wette, so hast du den Nachtwind noch nie auf deinem Gesicht gespürt.«

Sie zögerte, sah durch ihre Brille.

Eine Frau, die, wie Clint fand, US-Präsident Johnson verblüffend ähnlich sah, drückte dem Mädchen ihre künstlichen Fingernägel auf die Schulter.

»Zeit für deine Pause, Lynne, Mädchen.«

Lynne zögerte.

»Geh schon ... Ich weiß, wie es euch jungen Dingern geht, wenn ihr auf Religion steht.«

Sie schob das jüngere Mädchen beiseite und nahm ihren Platz am Fenster ein. Backer meinte einen Ausdruck des Bedauerns in jenen grünen Augen gesehen zu haben, bevor sie hinter dem Schalterfenster verschwand.

»Nun denn ...«, sagte Lyndon Johnson gedehnt, zog mit links einen frischen Bestellblock hervor und rückte mit rechts ihre Harlekin-Brille zurecht. »Was darf es sein, junger Mann?«

»Mal seh'n«, kratzte Backer sich am Kinn. »Nun, ja ...« Er schaute auf. »Ich hab zweihundert Freunde und die sind alle hungrig.« Die huschende Gestalt hinten im Laden entging ihm nicht.

»Na, ich denk, Sie machen mal am besten vierhundert doppelte Cheeseburger.«

Die Harlekin-Brille fuhr protestierend hoch, doch Backer ließ zwei Hunderter durch das Fenster wachsen. »Und bitte ordentlich Zwiebeln.«

Sie wollte etwas sagen, klappte jedoch ihren Mund wieder zu, als sich ihre Hand auf das Geld legte. Dann kollerte sie etwas auf Spanisch nach hinten in die Küche.

»Würde es Ihnen große Umstände machen, wenn ich noch um Extra-Soße für 73 Burger bäte?«

Sie wollte etwas erwidern, doch Backer kam ihr zuvor. »Sie erinnern mich sehr an meine Lieblings-Tante Pearl. Sie ist inzwischen tot.«

Backer war rechtzeitig hinter dem Laden, um zu sehen, wie das grünäugige Mädchen ihre kurzen Beine in die Pedale ihres Zehn-Gang-Fahrrads stemmte.

Backer stand da und sah sie in eine Seitenstraße biegen. Dann verschluckte sie der Wald.

»Guter Mann«, rief er, als er in den Imbiss zurückkam. »Und die Mayonnaise nicht vergessen. Hier ist noch eine kleine Anerkennung für Ihre Mühe.« Ein weiterer Hunderter segelte durchs Fenster, bevor er den Gebirgspfad hinaufjoggte.

Die Frau an der Theke verkniff sich wieder eine Antwort, steckte ihr Trinkgeld ein und rief erneut auf Spanisch in die Küche.

»Ich hole es dann Dienstag ab«, keuchte Backer noch, als er versuchte, mit dem Fahrrad des Bergmädchens Schritt zu halten.

Er folgte fünf Minuten lang dem schmalen Pfad, der sich dann gabelte und in den Wald schlängelte. Er kniete nieder und pflückte am linken Abzweig ein kleines Blatt mit Reifenabdruck.

»Vorwärts, Lederstrumpf«, machte er sich Mut und rannte in den Wald, der langsam in Dunkelheit versank.

Dort! Ein Stück weiter vorne bremste das Mädchen und rollte durch ein offenes Tor in einen kleinen Kirchhof hinein.

Scheel verzog sich sein Gesicht, als er den Voodoo-Mann von heute Nachmittag sah, der mit seiner großen Prothese lächelte und sich auf einen Rechen lehnte. Er stand vor einem Gebäude mit Kirchturm, das mehr alt als fromm aussah; zumindest fand Backer das.

Das Mädchen parkte ihr Fahrrad unter dem Buntglasbild eines hageren Mannes mit dunklem Bart und trat ein.

Einen Moment lang harkte der alte Mann noch weiter. Dann folgte er ihr.

Backer schwang sich über die Eisenspitzen des Zauns auf das Grundstück und schlich dann um das Gebäude herum. Die Kapelle hatte keinen Hintereingang. Er stützte sich auf einen Grabstein und schlurfte dann durch das frühe Laub zur Vorderseite.

Wie Backer erwartet hatte, stand der alte Mann in der Tür.

»Lass mich rein.«

»Nein.«

»Du kannst mich nicht zurückhalten.«

»Das nehme ich auch nicht an.«

»Aus dem Weg oder fahr zur Hölle!«

»Weder das eine noch das andere. Und *dich* will Jesus auch nicht dort haben.«

»Ich will diese Frau.«

»Und *er* will dich.« Der Alte wischte sich die Stirn mit seinem Cordärmel. »Natürlich will er jeden von uns ... Aber ich hab das Gefühl, dass er bei dir entschlossen ist, dich zu kriegen.«

Grelles Wetterleuchten spiegelte sich im rohen Buntglasfenster und im linken Glasauge des alten Mannes. »Hab den Eindruck, als wenn du nicht mehr viel Zeit hast, um dich zu entscheiden.« Er trat zur Seite.

Im Dunkeln konnte Backer das Mädchen ausmachen, das am anderen Ende des kleinen Heiligtums kniete.

»Komm rein, Sohn ... wenn du *ihm* begegnen willst.«

Fluchend drehte Backer ab und stolperte panisch den Pfad hinab.

• • •

Nach Sonnenuntergang wurde die Stadt eine andere.

Die Straßen füllten sich. Ein ständiger Strom von Wochenendbesuchern und Einheimischen überschwemmte die beiden Bars und den Schnapsladen.

Musik dröhnte aus vorbeifahrenden Fahrzeugen – alles von Dylan bis zum alten Hank Williams.

Getöse und Rauch fluteten das Darby's. Clint kämpfte sich durch die Tänzer und warf sich gegen die Bar.

»Drink.«

»Was darf es sein?«

Backer zeigte auf die Flasche, die der Mann in der Hand hielt. »Das da. Alles.«

Er nahm die Flasche und das Glas und pflügte sich den Weg zu einem Tisch, an dem schon drei Biker und zwei Mädchen saßen, Landeier dem Aussehen nach.

»Backer, alter Pfadfinder.«

»'lo, lang und schmutzig«, grüßte ein anderer Biker.

»Mach Platz.«

»Wa'?!«

»Ich wusste gleich, dass sie Kojoten sind«, flüsterte einer der Ansässigen.

»Old Scout, du bist recht und schlecht Zweiter Rider, aber ...«, polterte der Biker, der Backer am nächsten saß.

Clint packte ihn und zog ihn hoch. »Such dir aus, ob du gehen oder fliegen willst. Ist ja deine Wirbelsäule.«

»Schon gut.«

Jemand reichte Backer eine Tonpfeife und er zog schweigend daran, gab sie dann weiter, ohne hinzuschauen.

»Wohl leer ausgegangen?«, grinste Spyder blöde.

Bedächtig setzte Clint die Flasche ab. Das Glas war von vornherein logistischer Unsinn gewesen. Er peilte den Biker über den Flaschenhals an.

»Kleines Spinnchen, tritt ganz, ganz leise oder ich drück dich platt.«

Wulffs Handschuh spielte plötzlich auf Backers Schulter. Backer zuckte zusammen. »Mach Lärm, wenn du dich bewegst, wie ein normaler Mensch!«

Wulffs Kehle gluckste wieder. Er setzte sich Backer gegenüber. »Welcher normale Mensch kann denn so eine Knüppelbande im Zaum halten?«

Backer nickte. »Okay. Und jetzt gebt mir eine Dröhnung von was auch immer das da ist.«

Die Wasserpfeife ging um den Tisch, geräuschlos bis auf das Blubbern des Wassers. Backer spülte den Zug mit einem Schluck aus der Flasche hinunter.

»Hast sie nicht erwischt, hä?«

Backer schüttelte den Kopf. Das lange Haar wehte um die hohen Wangenknochen.

»Backer ...« Wulff quetschte die Schulter des betrunkenen Bikers. »Nicht mal ich – nicht mal *du* kannst jede haben.«

Backer streckte sich, griff Wulffs mächtiges Handgelenk und zwang langsam seinen Arm auf den Tisch.

»Manchmal bist du einfach nur blöd«, erklang es in Wulffs Kehle, dessen geöffnete Handfläche nun auf dem Tisch lag.

»Manchmal heißt es: Sieg oder Tod!«, antwortete Clint. Er ließ Wulffs Hand los, nahm die Flasche an sich und schwankte aus der Bar.

»Ich bin nicht käuflich«, hatte sie zu Colt gesagt.

Clint fühlte sich ohne erkennbaren Grund miserabel. Ihn

widerten die Geldgier der Kleinstadt und die Einstellung des Rudels an. So lehnte sich Backer an die Ecke des Gebäudes und beobachtete die Kellnerin, die den Imbiss schloss. Ihre kurze Gestalt bewegte sich hin und her. Dann gingen nach und nach in der Burger-Bude die Lichter aus.

Backers Joint war nur noch ein glühendes Spänchen, als er ihn in die Gosse schnipste. Er beobachtete, wie das Mädchen die Tür abschloss und ihr Sportrad auf dem Dachträger eines grünen Volkswagens festzurrte.

Seine dicke schwarze Harley rollte ohne Fahrtlicht auf die Straße.

Hinter dem Volkswagen her ging es durch das Städtchen und dann einen Seitenweg hoch, dann auf eine dunkle Bergstraße.

Er rollte nun den größten Teil der Strecke ohne Motor. Vor ihm bog der VW links von der Straße ab und hielt an einer Hütte, die man unter den Kiefernzweigen errichtet hatte. Die Scheinwerfer des Autos erloschen.

Clint hielt an und beobachtete aus dem Dunkeln, wie das Mädchen die Tür aufschloss und in den Räumen nacheinander Licht anmachte.

Es gibt keine wichtigen Menschen.

Er trank den Rest aus seiner Flasche, während er zusah, wie sie über der Spüle ein Schälchen auslöffelte. Er konnte nicht sehen, ob es sich um Joghurt handelte, doch er erkannte das Schmetterlingsmuster an der Tapete um sie herum und die Notizen, die am Kühlschrank klebten. Irgendwie ärgerte es ihn. *Ein Zuhause. Sogar hier gab es ein Zuhause ... für eine unwichtige Brünette ... vermutlich bekommt sie gerade mal den Mindestlohn.*

»Ich bin nicht käuflich.«

Vielleicht kann ich dein Hirn ein bisschen auffrisieren, Bauernmädchen.

Clint hatte seinen Frauen immer gesagt: »Es muss schon von beiden Seiten kommen.« Er versuchte sich nie in Verführung. Er verachtete auch die brutale Zuhälter-Masche. Aber diesmal ... eine kleine Zirkusnummer, ein kleiner Schreck für das scheinheilig betende Hamburger-Mädchen ... Nur mal, um ihr zu zeigen, wie es in der richtigen Welt zugeht.

Ich öffne dir neue Horizonte, Süße, flüsterten Whiskey und Haschisch in ihm, als er über die Straße tapste.

Inzwischen ging sie durch ihre Hütte zum Schlafzimmerfenster. Sie knipste das Licht an, ging ins Badezimmer und schloss die Tür.

Backer schlich ums Haus. Nur *ein* Schlafzimmer. Nur *ein* Auto. Er presste seine Nase ans Wohnzimmerfenster, erkannte ein gelbes Sofa, einen Korbsessel und einige Blumentöpfe mit Farnkraut. Sie lebte allein und erwartete niemanden.

Das Telefon stand auf einer Ablage in der Ecke, unter einem an die Wand geschraubten Kreuz. Nur *ein* Telefon – darauf hätte er Aubreys Geld gewettet. In der Küche und im Schlafzimmer war keins. War auch nicht nötig in so einer kleinen Hütte.

Als er ein paar Schritte zurückging, stolperte er im Suff über einen Stein und stürzte schmerzlos auf die Seite. Er lachte wirr.

Im Schlafzimmer erstarrte die Haarbürste des Mädchens. Sie lauschte, nahm sich vor, die Schlösser noch einmal zu kontrollieren.

Backer keckerte immer noch, stand auf und schüttelte den Staub ab. Dann nahm er Anlauf und sprang mit einem Riesensatz durch das Glas des Wohnzimmerfensters.

Das Mädchen schrie, als er aufschlug und über den Boden rollte. Seine Stiefel verfingen sich im Telefonkabel.

Die glasigen Augen in angespannter Konzentration, griff er das Kabel mit beiden Händen und riss es aus der Wand.

Sie stand im Flur, vor Schrecken erstarrt, eingewickelt in

ihr keusches weißes Nachtgewand und an den Füßen wuschelige Kaninchen-Pantoffeln. Dann schrie sie noch einmal und warf ihre Haarbürste nach ihm.

Nur durch Zufall fing er sie. »Meine Haare müssen fürchterlich aussehen«, spottete er.

Sie drehte sich um und rannte, schlug die Schlafzimmertür hinter sich zu.

Backer ließ die Bürste fallen und widmete sich wieder der schier endlosen Arbeit, sich von der Telefonschnur zu befreien.

Na endlich. Hoppla. Er stürzte. *Ich muss mein Gleichgewicht halten.*

Er zog sich an der Schlafzimmertürklinke hoch. Das Mädchen hörte den Lärm, schnellte nach links, dann nach rechts. Ein Versteck ... eine Waffe ...

Nichts.

»Lauf, kleines weißes Puschel-Häschen!«, drohte Backer und stieß seinen Fuß durch das Türblatt oberhalb des Griffes. »Lauf, so schnell du kannst!«

Wieder verlor er das Gleichgewicht, sackte auf die Knie, arbeitete sich wieder hoch. Er hörte, wie das Mädchen den Wäschekorb aus dem Badezimmer schob und unter die Türklinke keilte.

»Wir sind ... ffffüreinnan'er gemacht. Du bist niedlich und ich bin's nicht!«

Die Schlafzimmertür splitterte aus dem Schloss, der Wäschekorb verstreute seinen Inhalt über den Boden und Backer warf sich auf das Bett.

Das Mädchen wirbelte ins Badezimmer, knallte die Tür zu und verschloss sie.

In einem Anfall von Müdigkeit räkelte er sich auf der gelben Tagesdecke aus Seide. Das mochte er. Er nahm einige Falten davon und strich sich damit über seine heiße Haut.

Eine Schachtel Minzbonbons lag geöffnet auf dem Nachtschrank. Er nahm genüsslich eines und verschluckte es. Leider hatte er die Alufolie nicht entfernt. Er zog eine Grimasse, als es schon an seinem Gaumensegel vorüber war.

Im Badezimmer balancierte das Mädchen auf dem Wannenrand, drückte das Fliegengitter aus dem Fensterrahmen und versuchte, sich durch die enge Öffnung zu quetschen.

Backer brach die Badezimmertür auf und sah noch, wie ein Kaninchen-Pantoffel in die Badewanne fiel, als das Mädchen von der Hütte weg in die Dunkelheit des Kiefernwaldes flüchtete.

Mit wehendem gelbem Umhang arbeitete sich Backer zum Eingang vor und stolperte dann zu seiner Harley. Erst dann warf er die Tagesdecke ab. Sie flog in die Nacht wie eine große gelbe Fledermaus.

Der Hocker erwachte nach dem ersten Tritt grollend zum Leben. Clint drehte am Lenker, sodass der Strahl des Scheinwerfers die Zweige jenseits der Straße beleuchtete.

Er blinzelte. Ganz schönes Dickicht. Dann zuckte er mit den Schultern. Er war der Fuchs, sie war das Kaninchen. Er rollte in den Wald und drehte am Gasgriff, jagte den Geräuschen der fliehenden Frau nach.

Sie erkannte plötzlich, dass sie in die falsche Richtung lief. Sie rutschte aus, stürzte, hatte den Mund voller Erde. Zur Landstraße, zur Stadt hin hätte sie es versuchen sollen. Vor ihr wartete der Abhang. Nur eine morsche Brücke aus Seilen und Planken überspannte die Wildnis drunten.

Hinter ihr grollte die Harley.

Mit verängstigtem Blick rappelte sie sich hoch und rannte barfuß zur Brücke.

Grausam peitschten ihn die Kiefernnadeln der Äste, die in der Dunkelheit nach ihm stachen. Doch der Biker quälte sich durch den Wald. Dann erleuchtete sein Scheinwerfer die Brücke und die leere Schlucht darunter. Die Bremsen quietschten und die Maschine blockierte und kam erst am Rand des Grabens zum Stillstand.

Gefangen im Lichtkegel des Motorrads, balancierte das Mädchen in der Mitte der Brücke. Sie hielt einen trockenen Ast über ihren Kopf. Selbst unter *ihrem* Gewicht knarrten die alten Bretter.

»Das schaffst du nicht!«, rief sie ihm zu, als die Brücke schwankte. »Du wirst herabstürzen, wenn du es versuchst.« Ihre grünen Augen blickten hinab in die sechs Meter Dunkelheit und in einen leeren Schlammtümpel.

Sie ließ den Ast in ihrer Hand sinken, als sie sich um ihr Gleichgewicht kümmerte.

»So verrückt ist niemand«, rief sie.

»Nein, so einen gibt's nicht. Oder doch?« Er rollte etwas zurück, schüttelte den Kopf und staunte, dass er auf drei Brücken starrte mit drei resoluten Mädchen in Weiß, jede von ihnen eine Maus, die bereit war, einen Wolf aufzumischen.

»Lady«, sagte er und zog die Maschine hoch, »ich bewundere deine Einstellung.«

Die Harley kreischte vorwärts. Welche Brücke? Er zielte auf die mittlere seiner dreifachen Vision. Als er auf das alte Holz sprang, fühlte er, wie es das Gewicht nahm.

Ein Tau surrte schrill und riss. Die Brücke taumelte.

»Gib es auf!«, schrie das Mädchen und krallte sich an das verbliebene Handseil. »Ich stehe unter Schutz. Geh fort!«

»Es gibt keine wichtigen Menschen.« Backer schwankte auf seinem Motorrad. Dann versuchte er, das Vorderrad hochzureißen und vorwärtszufahren.

Die Maschine heulte auf, als die alten Planken unter ihrem Vorderrad splitterten und es in die Lücke tauchte. Ihr Fahrer wurde über den Lenker geschleudert, schlug gegen die schlingernde Brücke, haschte nach einem vorbeipeitschenden Seil. Er fühlte noch, wie es sich um seinen Hals wickelte, und dann war alles plötzlich still. Er hing am Hals im Nachtwind in sechs Metern Höhe, während das Vorderrad durch die Brücke sackte. Die Maschine tobte und brüllte, um dann ebenso zu verstummen wie ihr Herr.

Tränen liefen über das Gesicht des Mädchens, als sie sich Hand um Hand über die Brückenruine zurücktastete, wobei sie sich an der unbeschädigten Seite am Brückenseil festklammerte.

Dann stand sie über der rauchenden Harley und dem Biker, der über dem Abgrund baumelte.

Er röchelte, als sie sich am Motorrad vorbeischob.

Sie hielt an. »Da hängst du richtig!« Sie schaute hinab in die Schlucht, wo er hing, und sah sein blaues Gesicht im Mondschein. »O nein!«

Mit einer Hand hielt sie sich fest, hockte sich hin, mit der anderen Hand schwang sie das Seil, das das Leben aus dem Biker herausquetschte.

Der Galgenstrick enttüddelte sich und Backer stürzte kopfüber in die Schwärze.

»Nein!«

Sie hörte, wie er in den schlammigen Abgrund plumpste.

Vorsichtig, auf Händen und Knien, krabbelte sie an den sicheren Rand, sackte zu Boden. Dort lag sie keuchend auf dem Rücken und blickte in die Sterne.

Aus dem Graben unten erklang ein Stöhnen. Sie kroch nach vorn, die Finger an der Kante, und erblickte den Biker, der mit dem Gesicht nach unten geknebelt im Schlamm lag.

Das Würgen erstarb.

Weinend bahnte sie sich einen Weg seitlich in die Schlucht hinab, verlor den Halt und purzelte durch den Schlamm neben den Körper des sterbenden Bikers.

Sie atmete tief, setzte sich auf, ergriff seine Schultern und zerrte und schob ihn.

Tot ... oder doch beinahe.

Sie steckte ihre Finger in seinen Mund und holte den Lehm heraus. Dann wandte sie ihre ganze Kraft auf, um ihn vor und zurück zu schütteln.

Leblos sackte er zurück.

Grimmig drückte sie ihren Mund auf seinen und blies ihm Atem ein. Sie kreuzte ihre Hände auf seiner Brust und begann mit der Herz-Lungen-Wiederbelebung.

Eine plötzliche Explosion von Schlamm und Husten und der Biker schnappte nach Luft.

Sein Kopf fiel wieder auf die Erde. Nun atmete er normal.

Die Augenlider flackerten, die Lippen bewegten sich schwach, als er versuchte, Worte zu formen. »Was ...?«

Ihre Hand war auf seiner Brust, als sie sich über sein Gesicht beugte.

»Was?«

»Dein Gott ...«, murmelte er mit zuckenden Lidern, »dein Gott kann nicht jedem helfen.«

Ihre Hand glitt über sein Gesicht, dann sank sie zurück gegen die rutschige Wand der Schlucht.

• • •

Mühsam öffnete Backer am nächsten Morgen seine zugeschwollenen Augenlider und erblickte seine Harley, die über ihm schwebte wie ein geschlachtetes Schwein. Winselnd krabbelte er aus ihrem Schatten heraus und stieß mit dem Mädchen zusammen.

Schniefend, mit geschwollenen Augen saß sie da, an die Felswand gelehnt.

»Was machst *du* denn noch hier?«, krächzte er.

»Ich ... ich bin gekommen, weil ich dachte, dass *er* es so wollte ... und dich nicht einfach so sterben lassen will.«

»Komm mir nicht mit diesem Märchen von Gott! So was gibt's nicht.«

»Es gibt ihn. Ich war genauso verdorben und ausgehungert wie du. Doch schließlich gingen mir die Vorwände aus. Ich wäre für wirkliche Antworten gestorben. Ehrlich.« Ein trauriges Lächeln flog über ihr Gesicht. »Während des Studiums – ich mach Biologie als Hauptfach – hat mir mein Philosophielehrer eine Bibel geschenkt ... Jemand sollte dir auch eine schenken.«

»Niemand schenkt niemandem etwas. Sie stecken lediglich den Köder auf den Haken, damit sie dich dann ins Boot ziehen können.«

Sie beugte sich zu ihm, wobei ein kleines Silberkreuz aus ihrem schlammstarrenden Kleid fiel. »Er brauchte mich nicht ziehen. Ich bin hineingehüpft. Ich erfuhr, dass Christus mich angenommen hat. Er hat für alles bezahlt ... selbst für das, was du mir vergangene Nacht antun wolltest. Er bezahlte mit seinem eigenen Leben.«

»Und ein kalter, toter Christus ist auch nicht besser als ein lebendiger, blutender.«

»Er ist nicht tot *geblieben*.«

Backer seufzte und vergrub seinen Kopf in den Händen. »Und wohin führen dich deine heiligen Ekstasen?«

Sie sah ihn an: »Sie haben mich hierher geführt.«

Sie vernahmen ein drohendes Knattern. Als die beiden hochschauten, sahen sie das schwarze Reifenprofil eines Motorrads über den Rand der Felswand ragen.

»Backer, Old Scout. Du verzichtest auch auf gar nichts, was!«

Der wuschelbärtige Porky kletterte den Abhang hinunter.

»Finger weg!«

Das Mädchen stand auf und blickte fest in Backers Augen. »Er ist nicht vergeblich gestorben«, sagte sie heiser und dringlich. »Er lebt. Seine Kraft legt sich gerade jetzt über diesen Ort.«

Porky und Deacon sprangen auf den Grund der Schlucht.

»Er wird dich befreien!«, sagte sie mit einem Knistern in der Stimme.

»He!«, rief Colt, rittlings auf seiner Triumph an der Kante des Abhangs.

»Alter«, sagte Porky und griff nach ihr, »du lässt aber auch gar nichts entkommen, was, Scout?«

Sie schnellte zurück zur Böschung, als die Biker hinunterhüpften.

Deacon fasste ihren Arm. Sie riss sich los und versuchte zu klettern, rutschte ab und lehnte sich wieder an die Wand, die Hände voller Schlamm. »So einfach ist das«, sagte sie zu Clint, »Schlamm und Tod. Er tauchte darin unter und kam zurück mit Leben in seinen Händen, reinem und leuchtendem Leben ... für dich! Erkennst du es denn nicht?«

Beinahe, für den Bruchteil einer Sekunde, sah er es. Ein schmutziges, zerrissenes, bedrängtes, verzweifeltes Mädchen mit Ponyschnitt und einer übel geschwollenen Nase hielt eine Handvoll Flussbett in ihrer Hand. Und dann verschwamm das Bild und er sah ein heißes, weiß glühendes Etwas, das ihm ein muskulöser brauner Unterarm hinhielt und anbot ...

Porky packte das Mädchen bei den Handgelenken. »Du bist U.S. Güteklasse A, Hamburger-Patty.«

Ein Aufschrei und Porky lag am Boden. Clints Tritt hatte seinen Oberschenkel beinahe gebrochen.

»Was ist in dich gefahren, Mann?« Porky umklammerte stöhnend sein Bein.

»Das ist nicht alles ein persönliches Eigentum«, belehrte ihn Spyder und rückte mit Deacon näher.

»Ich sagte: Finger weg!« Clint blickte zum Mädchen. »Jeder! Wir müssen am Ende alle auslöffeln, was wir uns eingebrockt haben.«

»Was hat das denn jetzt zu bedeuten?«, fragte Porky, als die anderen Biker die Gruppe aus der Schlucht zogen.

»Nichts Wichtiges, denk ich«, erwiderte Spyder.

Die Brücke erzitterte unter Godzillas Schritt, der lässig Backers Harley anhob und zurück in Sicherheit brachte.

»Backer ...« Er schüttelte den Kopf und ließ die Maschine aufprallen. »Musst mal aufhören, immer alles kaputt zu machen. Ich meine ... das hier ist schließlich ein *Motorrad*.« Er hob Clint in den Sattel. Backer biss sich auf die Lippen, als dutzendfacher Schmerz durch seinen malträtierten Körper zuckte.

Die Maschine lebte bebend auf.

»Funktioniert noch«, murmelte er, die Armaturen im Blick.

»Ja«, sagte das Mädchen von hinten. »Es funktioniert immer noch.«

Ohne sie eines weiteren Blickes oder Wortes zu würdigen, haute er den Gang rein, neigte sich zurück auf ein Rad und schoss so die Straße hinunter.

Die anderen Fahrer folgten ihm. Grölend versuchten sie, mit seiner Geschwindigkeit Schritt zu halten.

Alle außer Colt, der verweilte und das Mädchen über den Lenker seiner Triumph beobachtete.

»Schwester, du bist anders. Du musst irgendetwas Besonderes haben.«

Das Mädchen sah, wie er davonraste, und betastete das Silberkreuz, das um ihren Hals baumelte.

»Das hab ich wirklich.«

Der Berg

»Mama ... Zigeuner sind in der Stadt ...«

Godzilla stoppte vor dem Pulk von Polizeiwagen, die die Straße verstopften, als die Gruppe von der Schlucht zurückkam.

»Wir treffen uns unten an der Landstraße«, flüsterte Colt Clint zu.

Clint nickte und Colts Triumph glitt die Straße zurück, bevor die Gruppe hielt.

Ein Wachmann schob Backer beiseite, um zu Wulff zu gelangen, der sich an ein Motel-Balkongeländer flegelte.

»Wie ich die Cops hasse ...«, murmelte Backer, »und jeden sonst, der mich zum Wallach machen will.« Das abgehärmte Gesicht seiner Mutter tauchte plötzlich vor ihm auf. Er verscheuchte das Bild.

Der Staatspolizist reichte seinem Vorgesetzten, der sich groß über dem lässig dasitzenden Wulff aufgebaut hatte, ein Papier. In seiner krummen Haltung, nackt bis zu den Hüften, die Haut so weiß wie eine nie heilende Narbe, sah Wulff nicht gefährlicher aus als ein Klumpen Quarz. Doch Backer wusste, wie schnell sich das ändern konnte. »Hier ist der Zehn-Vierundzwanzig.« Der höhere Beamte nahm den Bericht entgegen.

Wulff rieb sich den Schlaf aus den Augen, lächelte friedlich.

»Keine Haftbefehle oder Steckbriefe«, gab der Staatspolizist zu und Backer atmete insgeheim erleichtert auf, dass Colts Personalausweis nicht auf der Liste erfasst worden war.

»Sämtliche Schäden wurden bezahlt, bar auf die Hand. Es gab einige Beschwerden, doch sie wurden alle zurückgezogen.« Er schaute Wulff verächtlich an. »Ihr habt die Stadt so gut geschmiert, dass sie den Berg hinunterrutschen könnte.«

Wulff zuckte die Achseln: »Die meisten Leute können geschmiert werden, wenn man genug Fett hat.« Er zerdrückte die leere Bierdose in der Faust und warf sie dann artistisch über die Schulter, wo sie vom Balkon herunterrollte und gegen die Innenkante eines grinsenden hohlen Waschbärs prallte, der als Abfallbehälter diente.

»Ich bin froh, dass du noch die Kante getroffen hast«, sagte der Wachmann. »Denn wenn ihr Piraten auch nur noch einmal die Straßen zumüllt, dann buchte ich euch ein, bis euch der Chrom rostet. Hast du dir das hinter die Ohren geschrieben?«

»Okey-dokey, Smokey«, gähnte Wulff. Er hob seinen breiten Kopf und ließ seine Stimme über die Dächer erschallen. »Okay, Wölfe, wir fahren woandershin!«

Außerhalb der Stadt stieß Colt wieder zur Karawane.

Doch es dauerte noch viele Meilen, bis Clint gesichtet wurde und wieder auf seinen Platz neben dem Führer einscherte.

• • •

Sie verkauften und konsumierten *Fave Rock*-Drogen und verprassten *Fave Rock*-Geld. So kletterte der Kommandotrupp aus Motorrädern und schwarz-silbernen Vans durch die Felsentürmchen des Hochplateaus von Colorado.

Bei Sonnenuntergang kühlten die überhitzten Motoren während der Rast in der Stille eines urtümlichen Ortes namens Göttergarten. Es war eine unbefleckte Wildnis mit felsigen Spitzen und turmhohen Kiefern.

Godzilla stemmte seine Masse vom Sattel. »Partyzeit«, grunzte er. »Wenn ich nicht aufpasse, treffe ich mich noch nüchtern an.«

»Alles, nur das nicht.« Colt zog lachend vorüber mit Ronda auf dem Sozius, ihre Arme um seine breiten und dennoch filigranen Schultern. Diese hatte er mithilfe einer Touristenfalle in Red River in mit Fransen besetztes Wildleder gekleidet.

Er schlug seinen neuen schwarzen Cowboyhut zurück, sodass Ronda absteigen musste.

»Cowboyklamotten allein machen noch keinen Mann«, murrte sie und hockte sich unter einen Felsvorsprung.

Spyder rumpelte vorbei. »Lass dich besser nicht von Wulff erwischen, wie du mit dem Schießeisen rumprotzt, Kleiner.«

Colt grinste und wirbelte weiter mit der alten 45er wie ein Film-Cowboy.

»Werd nicht zudringlich, Spyderman. Du machst mir keine Angst und Wulff macht mir auch keine Angst.« Er lachte. »Warum sollte ich mich um euch alte Männer scheren?«

»Mach mal halblang, Colter.« Clint rollte neben ihn. Seine Stimme klang steif aus dem immer noch angeschwollenen Gesicht. »Halt einfach ab und zu mal den Schnabel, damit wir an der Stille merken, dass du noch da bist.«

Clints Kopf dröhnte noch. Die Stimme des Mädchens in der Schlucht, ihr Schniefen und Keuchen prallten gegen seine Schläfen und gegen die Schädeldecke.

»Erzähl mir nicht, was ich tun soll! Wir sind Wölfe! Wir sind frei!«, rief Colt.

Sei frei ... Die Kraft ist hier. Sie ist greifbar ...

Die Wagen wurden zu einem groben Kreis zusammengezogen und ein gewaltiges Lagerfeuer loderte in der Mitte, während sich viele Dezibel Rockmusik über die krachenden Flammen erhoben.

»Komm mit zur Party!«, drängte Colt.

Clint schüttelte seinen Kopf, der überquoll vor Schmerzen und von der Stimme des Mädchens. »Nein ... nicht jetzt.«

»Was gibt's denn sonst noch, Alter?« Zornig trat Colt seine Triumph an und wendete sie zum Lagerfeuer. »Party, Mensch. Was sollte es denn sonst noch geben?«

»Weiß nicht«, antwortete Clint. Sein Blick verlor sich irgendwo im schattigen Walddickicht. »Irgendwas, vielleicht ... irgendwas.«

»Jetzt hörst du dich so an wie ich, wenn du dich immer über mich lustig gemacht hast.« Colts Stimme überschlug sich, bereit, jedes Argument zu zerpflücken über die »Frage nach dem Sinn des Ganzen«.

»Es gibt nur diese Hügel und uns«, schrie er. »Ich hab's am Ende geregelt gekriegt! Nur diese gierigen Hinterwäldler und uns! Nur die Wölfe!« Seine behandschuhten Finger griffen Clints Schulter. »Nur uns, Clinton.«

Clint schaute hinunter auf die Hand seines Bruders. Das Handschuhleder war durchgeschürft, darunter eine Blutkruste.

Blut und Schlamm und ein winziges Silberkreuz ...

Colt sah ihn befremdlich an. »Deine Nerven sind überhitzt, Clinton.«

»Wir dienen dem Speed-King«, knurrte sein älterer Bruder. »All unsere Nerven sind heiß. Das ist die Berufskrankheit, Kleiner.«

Colt schüttelte den Kopf, das Gesicht unter der weiten Krempe des Stetson-Huts verborgen. »Na, das darfst du aber keinen wissen lassen.« Er jonglierte die alte Pistole in Hollywoodmanier. »Halte die anderen immer in Atem ... Halte sie in Angst.«

»Hat eigentlich jeder Angst? – Tief innen drin, meine ich«, fragte Clint.

Colt schnalzte. »Nicht wir Wölfe.«

»Fürchten wir nicht einmal den Tod?«

Wieder lachte Colt: »Mit dem Tod rumzumachen ist keine große Nummer. Genauso wie allen Übrigen musst du *ihm* Furcht vor *dir* einjagen.« Er ließ die 45er in den Halfter gleiten. »Halte deine Nerven immer auf Eis!«

»Meine Nerven zucken.«

»Sicher, natürlich«, stimmte Colt zu. Dann deutete er auf

den Wald. »Und wenn Bambi aus dem Wald getänzelt käme, würdest du springen wie ein Hampelmann.«

Sanft fragte Clint: »Was veranlasst dich zu glauben, dass Bambi auf deiner Seite wäre, Brüderchen?«

»Es gibt nur eine Seite«, antwortete Colt unduldsam, »deine eigene. Komm, lass uns einen draufmachen, bis wir tot umfallen.«

»Nein!« Clint riss seine Harley herum, dass der Dreck spritzte. Donnernd verschwand seine Maschine in der dunklen Wildnis.

Ein Dreckklumpen hatte den erstaunten Colt ins Gesicht getroffen. Er rieb ihn ab und schaute ihn sich an.

Als sich seine Hutkrempe wieder hob, sah er nur noch, wie die Bäume im Abenddunkel miteinander verschmolzen.

Irgendwo da drin holperte sein Bruder kurvend und schaltend einsam durch die Nacht.

Kurz lauschte Colt noch dem fernen Motorrad. Seine Finger glitten über die Kante des schwarzen Pistolenknaufs. Dann ruhten sie auf dem Patronengurt, den er um seine schlanken Hüften geschnallt hatte.

Er summte ein Kinderlied vor sich hin, das ihm in der Anstalt beigebracht worden war:

»Jesus liebt mich, das ist wahr ...«

Dann hielt er inne und wandte sich dem Partylärm am Feuer zu.

Am Rande der Runde war Ronda in Deacons Arme gesunken.

»Komm, Kanone, wir beide gehen jetzt«, sagte Colt mit seiner Kleinjungen-Stimme. Er riss das Gas durch bis zum Anschlag und raste zurück zum Rudel.

• • •

Seine schwere Maschine lehnte friedlich an einem Baum. Clint kniete neben einem Weiher. Die ersten Sterne spiegelten sich schon im Wasser. Er sah sein Spiegelbild, sein zertrümmertes Gesicht mit den ersten Falten, die sich bereits um seinen Mund bildeten.

Er nahm einen Stein und ließ ihn in den Teich fallen. Schwarze Kreise schlugen nach außen und dann leuchtete das Abbild des Nachthimmels im Wasser wieder auf.

»Mehr«, flüsterte er, »ein Körper muss einfach mehr übrig lassen, wenn er stirbt.«

• • •

Das unverwechselbare Pfeifen einer Kugel zerschnitt den Partylärm. Köpfe drehten sich um, Augen suchten das Dunkel ab.

Die antike 45er rauchte in Colts Hand, der sich auf dem Dach eines Busses aufgebaut hatte.

»Bin nicht gerade ein Obermime, was, Ronda?« Er lachte und sandte mit einer katzengleichen Drehung ein weiteres Geschoss aus dem Lauf des alten Revolvers in die Nacht. Eine Bierdose explodierte und eine Schaumkaskade sprudelte einen Felsen hinunter.

»He, he, he!«, rief Spyder betrunken. »Hör auf, Buffalo Backer!«

»Leichte Übung, tapfere Kameraden.« Colt wedelte mit der Waffe. »Du zeigst einfach mit dem mächtigen Feuerstock auf etwas und ... bumm!« Er wirbelte herum und schoss im gleichen Augenblick. Baumrinde splitterte von einem Baum jenseits der Lichtung und rieselte auf Porky, der es sich darunter bequem gemacht hatte.

»Schaut ... Clint hat es mir beigebracht ... zu Hause ... damals, bevor sie ... bevor sie ...«

»He, zieh Leine oder ich stopf dir deine Kanone in dein vorlautes Maul!«, brüllte Porky.

Kichernd schoss Colt eine weitere Kerbe in den Baum, nur Zentimeter über Porkys Kopf.

Herumwirbelnd und feuernd spuckte der funkelnde Pistolenlauf Flammen, Kugeln pfiffen quer durch das Lager. Die Biker duckten sich fluchend, als Colt nachlud.

Plötzlich hob sich Ropers schlanke Gestalt auf dem Wagendach scharf von dem gelb-roten Feuer ab. »Kühl dich jetzt ab, kleiner Backer-Bruder. Du geiferst unentwegt nach dem Tod!«

Die alte schwarze 45er setzte sich langsam in Bewegung, bis sie genau vor Roper schwebte. Ein schwaches Lächeln kroch über Colts bleiches Gesicht.

»Genauso ist es, nicht wahr?«, erwiderte er weich. »Der Tod, genau hier in diesem kleinen Rohr ... Der Tod im Loch.«

Der Lauf fuhr herum auf sein eigenes Gesicht. »Macht über Leben und Tod in meiner Hand!«

Roper schnappte nach der Kanone. Der Lauf zuckte herum und zeigte genau auf Ropers Herz.

Der hagere Biker erstarrte.

»Guck mal da«, flüsterte Colt verwundert, »was so ein winziges Stückchen Tod sogar aus dir macht, guter furchtloser alter Rope.«

Roper rührte sich nicht.

»Ich hab keine Angst vorm Tod«, murmelte Roper.

Colt lachte, schrill und hysterisch.

»Wirklich nicht! Ist nur ... nur ...«

»Nur was, Rope, mein Freund ... mein Verwandter ... mein furchtloser zweiter Bruder?«

»Ich will nur nicht ... umsonst sterben.«

»Mein uralter Freund Roper macht sich also in die uralten Jeans aus Angst vor meinem neuen Freund, Mister Tod. Pfui Schande!«

Er wandte sich zum Mob unten, der sich um den Kleinbus drängte. »Was ist mit euch, Jungs. Ist Mister Tod euer Freund? Hä?« Sein Finger zuckte und eine Kugel schoss über ihre Köpfe hinweg. Die Menge wich zurück und ließ Colt allein im Feuerschein zurück.

»Die ganze Zeit hab ich euch Kerle beobachtet, wie ihr mit dem Tod um die Wette fahrt. Ich mein: War das echt? Wir haben keine Angst. Nur darauf kommt es an. Das ist einzig und allein alles, was wir haben ... ist es nicht so?«

Das Feuer zischte in der Stille der Nacht.

»Wie kommt es dann, dass Mister Tod und ihr in Wirklichkeit gar keine Freunde seid? ... Die ganze Zeit über, seit Clint vorbeigewalzt kam und mich zu euch brachte ... Habt ihr mich etwa angelogen?«

Wulff schob sich an die Spitze des Rudels. »Das war's, Junge. Du bist erledigt.«

»Vergiss es, Wulff.« Die alte 45er zeigte auf den Kopf des Führers.

• • •

Als Backer von den Bäumen zurückkam, drückte er den Stummel seiner Zigarette aus. Er hatte die plötzliche Stille bemerkt. Dann trug der Wind eine vertraute Stimme herbei.

»*Colt*«, rief er, erhob sich und schob sich durch die Zweige, stolperte im Dunkeln. Da war das Lager und das Feuer und die Menge ... und jemand auf dem Dach eines Busses, vom Mond eingerahmt ...

Er erkannte ihn.

»Colll-t!«

»Clint, kapierst du das?«, rief Colt, als Backer sich durch das Rudel wühlte. »Diese Typen haben *Angst* ... vor mir! ... Vor mir und Mister Tod. Die ganze Zeit hab ich versucht, keine Angst zu haben, genau wie du. Ich wollte *dazu*gehören!«

»Colter, bitte ...« Er war jetzt beinahe durch die Menge durch.

»Die ganze Zeit, seit ich im Rudel bin, hab ich versucht, so zu sein wie sie. Anders als die Spießer da draußen. Keine Angst – vor nichts. Und jetzt schau dir diese Memmen an!«

Er schickte eine weitere Kugel dicht über die Köpfe der Menge. Schreie und Rufe.

»Siehst du? Genauso kalt und ängstlich und leer wie ich. Siehst du, Clinton. Sie können mir nicht helfen. Ich frag mich, wer mir überhaupt helfen kann. Die da nicht. Schau dir ihre Augen an!«

Backer ging zum Wagen. Er griff hoch und zog am Bein seines Bruders. »Colt, ich kümmere mich um dich, Kind.«

»Kann nicht mehr warten, Mensch. Ich muss ihnen zeigen, was ich gelernt habe ... Tod – der ist kein großer Mann. Überhaupt keine große Sache.«

Colt beugte sich vor und legte seine linke Hand auf die Knöchel seines Bruders. »Siehst du?«

Der Lauf der alten Pistole ging in seinen Mund. Sein Schädeldach flog davon ...

Die kontinentale Wasserscheide

Ein weiterer Morgen ... ein flaches Grab. Während der Nacht war die Karawane nach Süden gezogen, zu dem Ort, den der Scout ausgesucht hatte. Langsam waren sie gefahren – eine Lampenkette, die die Hänge hinunterglitt ... mit einer leeren, schwarzen Lücke zwischen dem Scheinwerfer des Zweiten Riders und der nachfolgenden Maschine.

Nun standen sie vor dem unscheinbaren Grab ... Mehr als unscheinbar, denn sie hatten die Erde geglättet und mit Gestrüpp getarnt. Zur einen Seite stand Backer, Wulff auf der anderen, das Rudel um sie herum.

»Sprichst du ein paar Worte über ihn?«, fragte Roper.

»Du bist der Führer«, pflichtete Godzilla bei. »Du gibst ihm seine – na, was man so ›die letzte Ehre‹ nennt.«

Das Rudel nickte. Wulff räusperte sich.

Gespanntes Warten.

»Nun, Colt war ...«

Backer verfolgte die rot gefärbten Wolken, die über den Horizont dahinzogen. Sie spiegelten sich in seinen zusammengekniffenen roten Augen wider.

»Weiter, Wulff«, drängte Godzilla. »Erzähl uns, wie wir seinen Körper der Erde übergeben haben und dass das okay ist in einer sicher gewissen Hoffnung auf die Auferstehung und so was ... So wie der alte Pastor Hansen das immer machte, als wir Kinder waren.«

Wulff bewegte sein Gewicht. Das schwarze Leder auf seinen breiten Schultern knarzte. »Colt war ... er ... Wir erinnern uns seiner, weil ...«

Weitere Stille, nur der Wind peitschte sie an.

»Du hast nichts zu sagen.« Backer wandte sich ab und ging zu den Motorrädern. »Du weißt einfach nichts zu sagen, Wulff!«

»He!«, rief Porky. »Was ist mit seiner Maschine?«

Jenseits des Grabes glitzerte Colts goldene Triumph in der Sonne.

»Seine Witwe Ronda hat sie hierhingefahren. Aber sie braucht sie nicht«, verkündete Deacon und legte seinen Arm um die Schultern des Mädchens.

»Gehört jetzt dir, Backer, denk ich«, sagte Wulff über das Grab hinweg.

»Brauch keine zwei Motorräder.« Backer schwang sich auf seine Harley.

»Aber sie gehört dir, Alter.«

Backer ging hin und zog den Schlüssel aus der Triumph. »Sie gehörte nicht mir«, murmelte er. »Colt gehörte nicht mir. Ich brachte ihn zum Rudel und das Rudel hat ihn aufgenommen. Hier!«

Er warf die Schlüssel an den Fuß des Grabes.

Wulff machte keine Anstalten, sie zu nehmen. Er starrte Backer an mit einem eigenartigen Ausdruck unter seinen dicken schwarzen Brauen.

»Das ist alles, was uns an ihn erinnert«, sagte Ronda.

»Das ist quasi sein Nachlass«, rief Spyder. »Jeder bekommt ein Stück davon!«

»Genau.« Deacon stieß eine Werkzeugkiste auf. Ein silberner Schraubenschlüssel wirbelte durch die Luft und landete in Porkys Hand.

»Jeder kriegt etwas!«

Schraubenschlüssel, Zangen, Hammer. Das Rudel fiel über die Triumph her.

Clint drehte sich weg und beobachtete wieder die Wolken, die sich in der aufgehenden Sonne röteten.

Als sie ihr Werk vollendet hatten, blieb eine Ölpfütze auf dem Boden zurück, wo die goldene Triumph gestanden hatte.

Deacon hätschelte Colts Mädchen, während er die verchromte Rückenlehne des Soziussitzes in der Hand hielt. Die fettige Kette der Triumph baumelte von Rondas Fingern.

»Hier!« Eine blanke Kugel blitzte durch die Sonne. Backer fing die Lampe der Triumph auf.

»Dachte, du willst sie vielleicht«, sagte Wulff.

Das Streuglas leuchtete silbern in Backers Hand auf.

»Old Colt gehört nun zum Rudel – für immer«, lächelte Wulff.

»Und wie schmeckt er?«, fragte Backer, während er auf die Lampe starrte.

»Den Würmern schmecken alle gleich.« Wulff zuckte mit den Schultern. »Und weiter gab es nichts zu tun. Wir gehen alle in seine Richtung.«

»Wir sind schon da.« Mit aller Kraft drehte sich Backer und schickte den Scheinwerfer über die Bergkante. Er fiel und rotierte lange Zeit, bevor er verschwand.

• • •

Die Gang bahnte sich mit den Ellenbogen den Weg durch eine Bar in Pueblo. Backer setzte sich neben den Schanktresen und starrte aus dem Fenster.

»Was meinst du, als was er zurückkommen wird?«, fragte Ronda und leckte Bierschaum von ihren Lippen.

»Colt kommt nicht zurück. Er ist tot«, erklärte Godzilla ihr traurig.

»Sprechen über Reinkarnation, Godz«, sagte Deacon. »Wiedergeboren werden.«

»Kann man das tun?«

»Ich für meinen Teil, ich komm zurück als das Zischen einer Bierdose beim Aufreißen«, seufzte Roper. »Hat mich schon immer angesprochen.«

»Kannst du das machen?«, staunte Godzilla.

»Wo glaubst du, ist Colt wirklich?« Ronda machte sich von Deacon los.

»Fährt Wheelies auf Gottes Hauptstraße«. Deacon reichte zu ihr hinüber.

»Ich frag mich, wer Gott ist«, murmelte Ronda und erlaubte Deacon wieder, sie in den Arm zu nehmen.

»Was auch immer sich die Leute am meisten wünschen«, lachte er.

»Das ist Sex, vermute ich.«

»Geld, Alter«, entgegnete Porky, »der allmächtige Dollar.«

»Ich hätt gern einen Hund«, warf Godzilla ein. Niemand beachtete ihn.

»High werden ist das Höchste«, sagte Roper.

»Dann ist Gott, was immer dich high macht ... Dope, Tucken und Schotter.«

»Also high ist Gott«, schloss Spyder und nahm einen Schluck.

Ronda drehte es kichernd um: »Gott ist high.«

»Ihr checkt alle nichts«, sagte Deacon. »Wenn Gott nun mal das ist, was jeder sich am meisten wünscht, dann ist das gekommen, was Colt wirklich wollte, und hat ihn mitgenommen.«

»Was is' denn das jetzt für'n Trip, Alter?«, knurrte Wulff unvermittelt.

»Ganz einfach.« Deacon zuckte mit den Schultern. »Tod, Alter. Colt wollte ihn und hat ihn bekommen. Jeder kriegt's. Der Tod ist Gott.«

Plötzlich war die Bar leiser. Shannon griff nach ihrem Drink.

»Ja, Old Colt fürchtete gar nichts«, erwiderte Ronda. »Er hat's bewiesen. Er ist jetzt im Himmel mit dem Big Bopper und Buddy Holly und Buddha und Jesus.«

»Ich sag euch, wo Colt ist«, grollte Wulff und knallte seinen Bierkrug auf den Tisch. »Er ist vierzig Meilen entfernt unter sechs Fuß Rocky-Mountain-Erde. Er ist tot. Und jetzt haltet die Schnauze davon.«

Einen Moment Stille. Dann fragte Roper: »Was denkst du, Clint?«

Backer stand von seinem Ecktisch auf. »Ich finde, dass ihr alle so gut wie tot seid.« Er holte sein Päckchen Drogengeld aus seiner Jacke hervor, ließ es ins Bierglas plumpsen und schleuderte den Krug über die Theke. Er splitterte in den Spiegel dahinter. Flüssigkeit ergoss sich über die Biker und Sprünge tanzten über die Glasfläche. Backer wartete auf eine Antwort, doch niemand rührte sich. Er baute sich vor Wulff auf, hielt dann inne. Schließlich stieß er die Tür auf und ging.

In der Bar war es so still, dass man das Bier den zerstörten Spiegel heruntertropfen hörte. Das Rudel hörte, wie draußen Backers Harley ansprang und davonfuhr. Wulff stand an der Theke und glotzte durch das schmutzige Fenster. Er sah Backer noch hinterher, wie er die Bergstraße entlangraste, bis er außer Sichtweite war.

• • •

Backer schoss durch Pueblo. Die letzten Worte seines Bruders und sein ausgehungertes, vom Wahnsinn gezeichnetes Gesicht verschwammen und verschmolzen mit anderen Worten und anderen Gesichtern.

Die ganze Zeit hab ich versucht, dazuzugehören ...

Er hat mich angenommen. Jemand sollte dir eine Bibel schenken ...

Er überfuhr ein Stoppschild, entging knapp einem Sattelzug und raste plötzlich auf einen Kombi voller Kinder zu. Er riss das Bike herum, sprang über den Bordstein, schrammte einen Laternenmast, erwischte noch einen Einkaufswagen und knallte dann gegen eine Wand.

Schwärze.

Stimmen. Flüche.

»Ist er ...?«

»... das viele Blut. Ruf besser ...«

»... besoffene Drecksäcke. Die sollte man nicht ...«

Die Augen halb offen wegen des blendenden Lichts, schob er das Gewicht des Motorrads von sich. Dann zog er sich an einer Straßenlaterne hoch und rieb sich das Blut aus den Augen.

Das blaue Flirren stabilisierte sich zu einem flackernden Neonschild.

Brot-des-Lebens-Buchhandlung. Bibeln

»Versuch es nicht allein. Lass mich dir helfen.«

Er blinzelte immer noch, weil ihm das Blut über das Gesicht in die Augen lief. Doch er erkannte ein Silberkreuz um den Hals des Mannes. Irgendwie kam er ihm bekannt vor.

»Ich habe ein Sofa im Hinterzimmer. Da kannst du dich hinlegen, bis der Krankenwagen ...«

Er wurde ins Geschäft geschoben. Kreuze. Hände. Stimmen.

»Nein!«, schrie er und stemmte sich dagegen. Eine kunstvolle Bücherpyramide stürzte ein.

»Das schaffst du nicht allein.«

Die Kreuze drehten sich im Licht.

LassmichhelfenLassmichhelfenLassmichhelfen ...

Sie können nicht helfen. Schau dir ihre Augen an ...

Jemand sollte dir eine Bibel schenken ...

Er taumelte durch den Laden. »Hilf mir. Hilf mir. Hilf ...«

Dann war plötzlich sein Kopf klar. Bücher lagen um ihn herum. Der junge Mann mit dem Kreuz wartete.

»Ich kann dir helfen.«

Zornig schnellte Backers Hand vor und riss dem Mann das Kreuz vom Hals.

»Ist ... das ... was?«

»Es ist alles.«

Immer noch umkrallte er das Zeichen. Backer stolperte und drängelte zur Tür. Er sackte zusammen und stützte sich auf die gläserne Theke, um sich ins Gleichgewicht zu bringen. Er schaute herab und blickte genauer hin. Ein dickes

Buch lag unter dem Glas. Er quetschte seine Finger zusammen und sandte seine Faust als Rammbock durch das Glas. Noch mehr Blut.

Er erhob seine zerschlitzten Hände, die Bibel in der einen, das Kreuz in der anderen und sagte: »Wenn sie nichts taugt« – er warf dem anderen das Kreuz vor die Füße –, »komm ich zurück und bring dich um!«

Er hievte die Bibel in seine Jacke und torkelte nach draußen zum Parkplatz.

»Sie ist bewährt«, sagte der Mann noch, als Backer seine Harley hochzerrte. Er startete so heftig durch, dass heißes Gummi auf dem Asphalt zurückblieb, Sekunden bevor der heulende Polizeiwagen ankam.

• • •

Den Highway 87 entlang ließ er Evergreen und Boulder hinter sich. Mittlerweile türmten sich die Felswände des Boulder Canyon über ihm auf. Und immer noch fuhr Backer ...

Hoch über der Kleinstadt Nederland streikte die überhitzte Maschine. Er parkte sie im Schatten eines hoch aufragenden Felsmassivs und kletterte dort mühsam hoch, mit Händen und Füßen Halt suchend.

Er zog sich selbst immer höher, bis seine Füße Flammen waren und seine Hände taub. Dann rollte er sich über einen steinernen Vorsprung, erhob sich auf die Knie und schaute weit hinaus über die Hügel unten.

Lange Zeit kniete er dort, während der Wind durch sein Haar peitschte.

Schließlich sackte er zurück gegen einen Stein und stierte still vor sich hin.

Er bemerkte das Gewicht des Buches, das an seiner Jacke zog. Ohne einen Blick zog er es hervor und warf es auf die Erde. Es schlug sich auf. Der Wind blätterte die Seiten. Die Sonne beleuchtete die Worte.

Wer meine Worte bewahrt, wird den Tod nicht sehen.

Er griff nach dem Buch und schlug es zu.

Dann öffnete er es wieder.

Ich bin gekommen, damit ihr Leben habt.

Die Sonne durchzog den Himmel. Er schlief, ohne sich dessen bewusst zu sein. Der Morgen kam und er las wieder.

Kommt zu mir.

»Nein.«

Komm!

Er stand auf, sackte wieder zusammen, weil ihm Schmerzen durch die Beine schossen.

»Gibt's dich?«

Die morgendlichen Wolken zogen über ihm hinweg und der Wind erstarb.

»Falls ... falls es dich gibt ... will ich es wissen!«

Stille.

Er erhob seine zerfetzten Fäuste und krächzte: »Im Namen Gottes, *ist da draußen jemand*?«

»Aufgepasst!«

Etwas klatschte ihm ins Gesicht und prallte ab. Er wich zurück, wollte mit den Fingern sein Gesicht betasten, als ein weißer Schatten an ihm vorüberzog.

»Wir haben ihn getroffen, Daddy! Genau ins Gesicht! Luke war's.«

»Nein, Sir! Der Wind war's. Und wir waren es auch nicht, die ihn so verhauen haben. Ehrenwort!«

Ein weißer Jagdhund fasste den Gummiball mit der Schnauze und trabte zurück zu den Kindern.

»Was macht ihr Blagen dort? Störenfried, hierher!« Ein stämmiger Schwarzer kletterte auf die Spitze des Hügels. Der Hund preschte zu ihm.

»Sorry, Mann.« Er nahm dem Hund den Ball aus den Zähnen und strich mit seinen Fingern gedankenvoll durch das weiße Fell des Hundes. »Hier oben läuft man sonst nicht viele

Leute um.« Er musterte Backers verwüstetes Gesicht. »Schon zu Mittag gegessen?«

»Nicht mal gefrühstückt.« Backer betastete seinen Kiefer nach losen Zähnen.

»Wir haben ein Wohnmobil ... ein paar Meilen weiter, da unten ... Jede Menge Hamburger. Wiedergutmachung für den Angriff mit dem roten Gummiball. Obwohl ich hoffe, dass nicht wir ...«

»Nein, Daddy!«, platzte der ältere Junge heraus. »*Das* waren wir nicht ...«

»Vorwärts, ihr Neunmalklugen.« Er fuhr beiden liebevoll durchs Gesicht. »Wir haben auch Pflaster und Jod.«

»Mir geht es gut.«

»Sicher. Und mit Hamburgern geht es noch besser.« Er drehte sich um. »Kommt, ihr Vandalen, es gibt was zu beißen.« Über die Schulter fügte er hinzu: »Ich bin Leon Kobol. Diese wilden Schlümpfe sind Luke und Jeremy.« Er machte sich auf den Rückweg. »Kommen Sie doch mit uns, wenn Sie wollen.«

Backer glotzte ihnen hinterher und rieb mit seinen Fingern über sein stachliges Kinn. Dann zuckte er mit den Schultern und folgte den dreien bergab.

Hellrot und weiß siedelte das Wohnmobil zwischen den Espen.

»Das Familienanwesen«, erklärte Kobol, als sie den Abhang hinunterrutschten. »Oder um es mit Tony Curtis zu sagen: Dröben legt dos Schloss moinäs Vaters.«

»Habe noch nie eine so schlechte Nachahmung gehört«, rutschte es Backer heraus trotz der Schmerzen in seinem Kopf.

»Dann haben Sie offensichtlich noch nicht viel über sich ergehen lassen«, entgegnete der Schwarze, schwang sich in das Wohnmobil und reichte Grill-Zubehör nach draußen.

»Es gibt viel schlechtere Nachmacher als Daddy!«, verkündete Luke stolz.

Kobol hüpfte wieder nach draußen und entlud einen zerknitterten Sack Holzkohle auf den Grill. »Heute stehen Hamburger auf der Karte. Wünschen Sie Ihre schwarz, verbrannt oder verkohlt?«

»Yeah.« Backer stolperte und sackte gegen einen Felsen.

»Alles in Ordnung?«

»Klasse, du Pinkel.« Backer lehnte sich an den Felsen. »Ist nur heiß.«

»Yeah. Obwohl die Nächte kalt sind.« Kobol streifte sein Hemd ab und baute sich über dem Feuer auf. »Luke, hol mal den Verbandskasten, hm?«

»Nicht nötig, außer du willst deine Hamburger verarzten«, protestierte Backer. »Ich brauch nur ein paar Aspirin. Es ist nur ... heiß.« Er riss seine Jacke auf und warf sie beiseite. Die Bibel fiel heraus.

Der Chefkoch schaute kurz von seiner Arbeit auf. »Deine?«

»Hab ich gestohlen. Hast du Aspirin?«

Kobol schwieg, als Luke herbeitrollte mit den Tabletten, einer Wasserflasche und einem Styropor-Becher.

Backer spülte mit der Flasche die Tabletten hinunter, ohne den Becher zu beachten.

»Iiih«, entfuhr es Luke, dann wischte er mit dem Ärmel über den Rand der Flasche.

»Höre, Kind, du kannst von wilden Kreaturen nicht das Gleiche wie von Menschen erwarten!« Kobol bugsierte einen Hamburger auf ein Brötchen.

»Wohnen Sie da oben?«, fragte Jeremy und starrte Backer neugierig in die Augen.

»Drei Meilen südwestlich«, seufzte Backer und schloss die Augen.

»Was'n das für 'ne Stadt?«

»Das ist ein Chopper. Lehnt dort an einem Baum.«

»Ein Chopper ist ein Motorrad, Daddy«, erklärte Luke.

»Danke für die Information, Walter Cronkite.« Dann, einen Moment später: »Du ... wohnst auf einem Feuerstuhl?«

»Kann mir nicht mehr leisten.« Backer schaute auf den Grill. »Die Zeiten werden ja nicht besser.«

»Hier.« Kobol platschte ein paar Hamburger auf die Teller. »Wir wollen sie essen, bevor sie in der Sonne vergammeln.«

Mit einer Plastikgabel stach Backer in den Klumpen auf seinem Teller. Die Gabel zerbrach. Backer nahm die heiße Fleischscheibe mit den Fingern und verschlang sie.

»Wer ist dran?«, fragte Luke.

»Ich, scheint mir.« Ohne auf den kauenden Rider zu schauen, schloss Kobol die Augen und sprach rasch ein Dankgebet.

»Amen«, stimmte die Familie ein und Luke fügte hinzu: »Diesmal werde ich bestimmt nicht krank, Daddy.«

»Aber so gut wie Mamas sind sie noch nicht«, sagte Jeremy mit vollem Mund.

»Sowieso nicht. Hauptsache, du behältst sie diesmal drinnen, hm?«

Die Wiese drehte sich um Backer. Er schloss die Augen und Colts Gesicht tauchte wieder vor ihm auf.

»Hat deine alte Dame dich verlassen?«, fragte er, um die Vision zu vertreiben.

»Sie ... starb.«

»Schlimm.«

»Sie ist bei Jesus.« Jeremy wischte sich das Kinn.

»Natürlich, Kind.« So antwortet man kleinen Kindern. Szenen mit Colt als Kleinkind flimmerten vor ihm auf, Schläge vom Stiefvater, Clint ging dazwischen und nahm die Schläge, die für Colt bestimmt waren. Ich pass auf dich auf, Kind ...

»Und sie ist dort oben«, sagte Jeremy mit der Bestimmtheit eines Kindes. »Auch wenn Sie das nicht glauben.«

»Was du glaubst, Junge, davon versteh ich nichts.«

»Ist sie doch!«, beharrte Jeremy. »Jesus hat sie genommen. Jetzt hat sie keine Schmerzen mehr.«

»Er will auch nicht, dass Sie Schmerzen haben, Mister«, fügte Jeremy leise hinzu. »Sollen wir für den hässlichen Mann beten, Daddy?«

Der Rider riss die Augen auf. Er packte die Bibel und schleuderte sie nach Kobol. Der fing sie.

»Das Buch da ... weißt du was über das Buch?«

Der kleine Holzkohlegrill zischte. Kobol hielt kurz inne. »Ein bisschen schon.«

»Na los, was weißt du?«

»Ich weiß, von wem sie handelt. Kenne ihn persönlich.«

»Echt?«

»Sie handelt von Jesus Christus. Nur um ihn geht es.«

»Wir gehören *ihm*«, sagte Jeremy stolz.

»Wir sind nämlich Christen.« Kobol schaute grinsend hoch und kümmerte sich dann wieder um das Fleisch.

»Verdammt werd ich sein!«, konnte Backer noch hervorstoßen. Dann fiel er um.

»Vielleicht doch nicht ...« Kobol ließ Luke am Grill zurück und holte den Erste-Hilfe-Kasten.

• • •

Abends hatte Backer die Verbände wieder abgerissen, die Kobol so kunstvoll angelegt hatte. Das Gesicht des Riders leuchtete grün und blau marmoriert im Zwielicht.

Eine geübte Hand befühlte seine Stirn.

»Wenigstens ist das Fieber runter«, stellte Kobol fest.

»Meinem Kopf geht es besser.«

»Natürlich.« Kobol hockte sich nieder, während die Kinder mit dem Hund herumtollten. »Er ist nur noch nicht ganz richtig.«

Einen Moment lang starrte Backer ihn an. Der Schwarze kaute unbekümmert auf einem Zweig.

»Überall, wo ich hingehe«, begann Backer, »ist es … als wenn … er, es, ich weiß nicht … irgendetwas hinter mir her ist.«

Kobol nickte. »Du streckst dich nach oben aus und er nach unten.«

»Wer? Krishna? Laotse? John Lennon und das Walross?«

Kobol knickte das Stöckchen. »Frag doch nicht, wenn du deine eigenen Antworten hast. Damit siehst du dumm aus.«

»Dann entschuldige, zur Hölle noch mal.«

Er nahm den Zweig aus dem Mund zwischen die Finger. »Und fluche nicht so viel. Das macht mich traurig.«

»Du forderst dein Glück heraus, neuer Freund.«

Kobol gähnte gelangweilt, wobei sich sein Brustkorb gewaltig ausdehnte.

Backer schnappte mit dem Knöchel gegen die schwellenden Brustmuskeln des anderen. »Hübsches Frischfleisch-Sortiment.«

»Wie bitte?«

Backer zuckte mit seiner mächtigen Schultermuskulatur und brummte: »Ich bin ja in Anatomie auch nicht völlig unbeschlagen. Aber das würde nicht ausreichen, um in *dem* Dschungel zu überleben, aus dem ich komme, Christ.«

Kobol lächelte breit und ließ einen Goldzahn zwischen den sonst weißen Zähnen aufblinken. »Sollte die Tatsache, dass ich das körperlich beeindruckendste Exemplar von Gottes gesamter Schöpfung bin, den Eindruck auf dich verfehlen?«

»Wenn du an den Orten, wo ich verkehre, weiter nichts als deine Muskeln auspackst, dann ziehen sie dir das Leder ab wie von einem schlecht genähten Baseball. Also fordere mich nicht heraus.«

Kobol warf die Bruchstücke des Zweiges weg. »Ich brauche nicht zu fordern, was von selber kommt. Doch höre Folgendes …« Er beugte sich vor und ließ seinen Goldzahn glitzern. »Was ich herausgefunden habe, kann ich anhand von denkbar guten Aufzeichnungen beweisen. Und wenn man es bekommt, dann weiß man für gewöhnlich auch, dass man es hat.« Er gähnte wieder. »Kannst du ›empirisch‹ aussprechen?«

»Deine halb gebildeten Phrasen machen bestimmt ’ne Menge Eindruck bei deinen fanatischen schwarzen Brüdern. Doch in dem Dschungel, aus dem ich komme, erlegst du damit keine Ratte.«

»Hat in einigen Reisfeldern, durch die ich gewatet bin, ganz gut funktioniert.«

»Vietnam?«

»War Sanitäter. Ein Stück von mir ist immer noch da.«

»Der Zahn?«

»Den hab ich verloren, als ich einmal über grundlegende Anstandsregeln beim Pokern diskutierte. *Das* hier habe ich nördlich von Saigon verloren.« Er machte etwas mit seinem rechten Auge. »Wenn dein rechtes Auge dir Ärgernis gibt ...«

Backer hustete.

Kobol ließ sein gläsernes rechtes Auge auf die Handfläche gleiten. »Lasst uns zusammen rechten, Auge um Auge.« Die leere Augenhöhle glotzte den Rider an.

»Scherzkeks.« Backer hielt inne. »Scheint, ich habe schon mal jemanden mit einem Glasauge getroffen ...«

»Die kommen groß in Mode. Meine Kinder halten mich für talentiert ...«

»Mir scheint, du drehst dir die Wahrheit, wie du willst, und erzählst mir gleich, dass es in den Fuchslöchern keine Atheisten gab.«

»Kann ich dir weder bestätigen noch verneinen. Keiner protzt dort mit Etiketten herum. Entweder hast du deine Hundemarke um den Hals getragen oder du bekamst sie zwischen deine steifen, toten Zähne geschoben.«

»Und als du zurückgeflogen bist, warst du ein Heiliger.«

»Geheilt, aber nicht heilig. Dank Onkel Sam durfte ich zurückfliegen mit zwei Purple Hearts und einer Heroinsucht, die gewalttätig genug war, um die Großstadt in einem japanischen Monsterfilm klein zu machen.«

Das Auge rutschte wieder an seinen richtigen Ort und Kobol erhob sich. »Zeit zum Aufräumen hier.«

Als sie das Wohnmobil packten, erfuhr Backer die ganze Geschichte: wie Kobol versuchte, seine Frau auf den Strich zu schicken, wie sie sich weigerte, von ihrem Christentum, von dem Streit, der so fatal endete.

»Muss sie wohl mit dem Kopf auf den Esstisch geknallt haben. Fand sie dann auf der Intensivstation wieder. Ich flehte sie an, nicht zu sterben.«

Backer sah Colt mit der Pistole im Mund. *Tod ist keine große Sache ...*

»›Wir vergeben dir‹, sagte sie. Ich wusste, dass sie von Jesus Christus sprach. Dann erblickten ihre Augen irgendetwas ... und sie ... ging ... woandershin.«

»Und dann hast du dich selbst zu lebenslänglich Religion verurteilt.«

Kobol schüttelte den Kopf. »Denke, was du willst. Es wurden nie irgendwelche Anklagen gegen mich erhoben, doch mit einer Verurteilung wäre ich schon zurechtgekommen. Womit ich nicht klarkam, war, dass mir vergeben wurde.«

»Eine bequeme Lösung für einen Quasi-Frauenmörder.«

»Das ist gerade der Punkt, Mann. Siehst du? Was ich angestellt hatte, hatte ich angestellt. Doch Jesus ... Er nahm meine Schuld und ging damit weg.«

Backers Arm schnellte vor und schlug Kobol gegen die Brust. »Wie gehst du damit um – zu wissen, dass du nichts rückgängig machen kannst. Wie kommst du mit dir selbst klar?«

»Weil *er* in mir lebt. Verstehst du das nicht, Mann? ... Innen drin bin ich voll.« Kobol hatte das Gerät verstaut und die Kinder in den Kojen und schwang nun die Kabinentür auf.

»Vielleicht ... Vielleicht.« Backer schüttelte den Kopf. »Ich ... versteh das nur nicht ... die ganze Sache.«

Kobol hielt inne, die Tür halb offen, und schaute ihn stirnrunzelnd an: »Morgen früh werd ich mich wohl dafür ohrfeigen, aber ... warum fahren wir nicht hin und holen deinen Hocker und du kommst dann zurück zu mir für eine Weile? Nach der Zeit, von der ich dir erzählt habe, studierte ich wieder im Rahmen der Veteranen-Rehabilitation. Colorado Universität in Boulder. Ich bin Konstruktionszeichner. Habe eine Hütte ein Stück den Canyon hinauf. Einige Semester liegen noch vor mir. Du könntest die Beine hochlegen und deine Wunden verheilen lassen und ein paar Leute treffen, die richtig im Kopf sind.«

»Du kennst mich doch nicht einmal.«

Kobol nickte und glitt auf den Fahrersitz. »Das einzig Vernünftige, was du heute gesagt hast.« Er ließ den Motor an. »Komm mit oder lass es sein. Ich hab keine Zeit, um mich mit verbeulten fremden Weißen rumzustreiten.« Das Wohnmobil hatte den Gang eingelegt.

»Das ist verrückt.«

»Yeah.« Er ließ die Bremse los und das Wohnmobil glitt vorwärts. »Der Zug fährt ab.«

Backer verfluchte sich selbst durch seine zerquetschten Lippen, griff zur Tür, hüpfte ein paar Meter mit und fiel dann in den Staub. Er rappelte sich schmerzgeplagt wieder hoch, als er die Bremsen hörte.

»Ich mag einen Mann, der weiß, was er will«, sagte Kobol fröhlich und half dem Rider auf die Beine.

Die Hütte

So kehrte Backer letztlich zu seiner arg strapazierten Harley zurück. Nachdem er dem Zeichner seine Fahrtüchtigkeit versichert hatte, folgte er dem Wohnmobil zur Hütte im Boulder Canyon. Sie kamen spät an. Backer half mit, die schlafenden Kinder ins Haus zu tragen, und rollte dann seinen eigenen Schlafsack auf dem Wohnzimmersofa aus.

»Tut mir leid, dass wir keine Gäste-Suite haben«, sagte Kobol, als er die Lichter ausmachte.

»Mir auch. Ich bin an die besseren Sachen gewöhnt.«

»Überschreite eine Grenze, hab mehr als zweihundert Dollar und schon darfst du Luxussteuer abdrücken«, gähnte Kobol. »Ist doch so, oder?«

Doch eine Stunde später starrte Clint immer noch zur niedrigen Decke und fand keinen Schlaf.

Schau dir ihre Augen an, Alter ...

Ich war genauso verdorben und ausgehungert wie du ...

Die Kraft ist hier ...

Er fühlte, wie sich sein zerbrochenes und schmerzendes Gemüt vom Schock erholte – wie er eingestand, zu einem beachtlichen Teil dank der freundlichen, aber bestimmten Dienste eines früheren Vietnam-Sanitäters.

Schließlich wandte er sich vom Schlaf ab, der ihn verschmähte, knipste eine Lampe an und begann in der Bibel zu blättern.

Als Kobol zum Frühstück in die Küche kam, fand er den Rider blass und rotäugig neben einer dampfenden Tasse Kaffee sitzen. Er las immer noch das Buch.

»Mir scheint, du kannst es dir nicht leisten zu warten«, brummte Kobol schläfrig. »Sobald ich jemanden gefunden habe, der auf die Kinder aufpasst, lass uns beide auf deinem Hocker in die Stadt fahren. Vermute, du musst mal mit jemand anders reden als mit mir Prachtstück.« Er schaute auf den Kalender. »Außerdem fängt heute das Studium an.«

Sie fuhren durch den Regen nach Boulder hinein und auf den Campus der Colorado-Universität. Selbst in dieser Hippie-Stadt zog Backers gehetzte und geschundene Gestalt die Blicke auf sich.

»Park vor dem Gebäude dort«, brüllte Kobol in den Wind.

Backer schwenkte scharf nach links und zersprengte eine schnatternde Studentengruppe. Ihre Papiere flatterten in alle Richtungen.

»Ich meinte, nur wenn du es kannst, Mann!«

»Ich hab niemanden angefahren«, gab Backer zurück.

Er spürte den Atemzug von Kobols Seufzen in seinem Nacken.

»Schnell rein mit dir, damit du zivilisiert wirst, bevor du noch jemanden kaltmachst, der sich beschwert.«

Das Quadersteingebäude roch nach alten Büchern und jungen Studenten. Backer polterte die Stufen hoch hinter Kobol her.

Bevor sie das Obergeschoss erreichten, hielt Kobol an und drehte sich um.

»Musst du unbedingt so einen Lärm mit deinen Stiefeln machen?«

»Yeah«, meinte Backer, »ich glaub schon.«

»Dann mach deinen Lärm wenigstens *leise*«, flüsterte Kobol.

Sie öffneten die Tür eines Hörsaals. Eine hitzige Debatte tobte in der Philosophie-Vorlesung.

»Aber Hume sagt ...«

»Sokrates hat es früher besser gesagt.«

»Er vielleicht, aber nicht *Sie* ...«

Obwohl die meisten saßen, zumindest so sehr saßen, wie es Zwanzigjährigen zuzumuten ist, hatte Clint, der hinten stand, den Eindruck von einem Rudel kleiner Hunde, die versuchten, einen sehr belustigten weisen, alten Hirsch zu erlegen.

Das fragliche Wildbret war ein wuschelköpfiger Dozent mit schief geknöpfter Weste, der unter seinem Banditen-Schnurrbart zu lächeln schien, als die jungen Jagdhunde ihn ankläfften.

»Gut, dass Sie Hume anführen, Ron«, sagte der alte Mann. »Ich glaube, Sie haben versäumt, dieses besondere Kleinod in Ihrer letzten Arbeit mit einer Fußnote zu versehen. Ein guter Anfang für das neue Semester.«

»Professor Ter Horst, ich finde wirklich, Sie müssen Cox's Position akzeptieren bezüglich …«

Backer bewegte sich unbehaglich.

»Hast du Ameisen?«, zischte Kobol ihm zu.

»Ist hier nicht mein Revier. Besser weg hier. Ich fühle mich wie ein Gaffer im Varieté.«

Eine große schwarze Hand hielt ihn fest. »Mann, du selbst bist hier die Show. Hast du das noch nicht kapiert?«

Backers Erwiderung war kurz wegen der Glocke und dem Getrappel der Studenten. Der Vorlesungsraum leerte sich nach einigen neugierigen Blicken. Der große alte Mann lehnte wartend am Schreibtisch.

»Nun denn, Leon. Sind Sie doch noch zurückgekommen, um sich eine wirklich angemessene Ausbildung angedeihen zu lassen?«

Backer schüttelte den Kopf. »Ist nicht meine Szene hier.« Er wollte gehen, doch wieder fühlte er Kobols mächtigen Griff.

»Fühlt sich Ihr Freund Spartakus unbehaglich außerhalb der Arena, Leon?«

Backer stutzte: »Ich bin mir zwar nicht ganz sicher, was das bedeuten soll, aber ich habe das Gefühl, dass ich es nicht mag.«

Kobol quetschte seine Schulter noch fester. »Prof, ich

möchte, dass Sie meinen neuen Hausjungen kennenlernen. Backer hat ein paar neue Probleme und alte Fragen.«

Er fügte mit einem lächerlich imitierten Flüstern hinzu: »Mein Mann ist nur Kurzzeit-Mieter.«

Ter Horst erhob seine nachlässige Statur und schlurfte auf Backer zu.

So standen sie sich einen Moment Auge in Auge gegenüber, der Professor und der Biker.

»Warum haben Sie Angst vor mir?«, fragte Ter Horst schließlich.

Donner rüttelte an den Fenstern. Dieser frühe Septembersturm, redete Clint sich ein, war der einzige Grund für sein Zittern.

»Warum?«, wiederholte der Professor.

»Es geht nicht um Sie«, sagte Backer sehr leise. »Es ist der Kerl in dem Buch. Ich habe Angst, hereingelegt zu werden. Ich kenn jemanden ...«, er schnappte nach Luft, »... der die Fahrkarte nach draußen gelöst hat. Doch ich stell mir vor ... dass es verschiedene Arten gibt, seine Pistole zu fressen, wenn man nur nach draußen will. Ich habe Angst, dass dieses Buch nur ein weiterer Weg in den Hirntod ist.«

Ter Horst räusperte sich. »Sie scheinen über angemessene Großhirnlappen zu verfügen, Mister Backer. Ich empfehle Ihnen, sie zu benutzen, auch wenn das eine neuartige Erfahrung für Sie sein mag.«

Kobol zuckte zusammen. »Professor, sind Sie sicher ...«

»Nicht immer, Mr. Kobol, doch für gewöhnlich habe ich recht. Warum lassen Sie uns nicht ein bisschen allein? Essen Sie einen Happen. Das Essen in der Cafeteria ist noch genauso widerlich, wie Sie es in Erinnerung haben. Überzeugen Sie sich erneut von der Zuverlässigkeit Ihres Gedächtnisses!«

»Und wann soll ich wiederkommen?«

»Gar nicht. Gehen Sie nach Hause.«

»Ich bin mit ihm gefahren!«

»Trampen Sie. Gebrauchen Sie Ihr gewinnendes Lächeln. Dieser goldene Schneidezahn wirkt besonders anziehend. Oder jonglieren Sie mit Ihrem Augapfel.«

Nach Kobols Abgang fuhr Ter Horsts grauer Kopf wieder herum zum zitternden Rider. »Dann formulieren Sie mal Ihre Einwände. Benutzen Sie Ihre Vernunft.«

»Gott ist kein vernünftiger Typ ... Wenn es ihn denn gibt.«

»Ich«, erklärte der Professor, »bin ein vernünftiges Wesen. Deshalb kann ich keinen Schöpfer haben, der etwas anderes ist. Logischerweise bin ich beschränkt in meiner Vernunft und er ist es nicht. Aber ihn sich anders als ein vernünftiges Wesen vorzustellen wäre ... unvernünftig.«

Donner krachten und Septemberblitze zuckten über den Himmel. Clint war immer noch traumatisiert und bebte. Er verfluchte sich dafür.

Ihre Augen, Mann, schau dir ihre Augen an.

Er zwang sich hochzuschauen, weil das Vergangene wieder vor ihm tanzte. Durch den Nebel konnte er Ter Horsts zerfurchte Gesichtszüge erkennen.

Eines wurde Clint deutlich: Der Holländer hatte keine Angst.

Backer stützte sich gegen den Schreibtisch. »Aber warum sollte es überhaupt einen Gott geben? Wer kann sich sicher sein, dass all das hier nicht einfach ... Zufall ist?«

»Aus der Leere kommt die Fülle?«

»Hä?«

»Denken Sie darüber nach.«

Backer stutzte einen Moment lang. »Ich begreife. Sie meinen ... wenn es etwas gibt ... zum Beispiel uns, dann muss etwas davor da gewesen sein. Doch damit sind wir noch nicht bei Ihrem freundlichen Herrn Jesus. Könnte auch ... ein Unfall gewesen sein ... Das Universum hat gekotzt oder so ähnlich.«

Ter Horsts Kinnlade fiel herunter. Er starrte an Backer vorbei durch das regenbenetzte Fenster. »Ein UFO«, sagte er, »auf meinem Campus!«

»Was ...?« Als Backer sich umdrehte, wuchtete sich Ter Horst zum Schreibtisch, nahm eine Kugel aus Pappmaschee und warf sie – keineswegs sanft – nach dem Rider.

Backer konnte sie soeben noch abwehren. Sie zersprang an seinen Knöcheln. Die Bruchstücke verteilten sich auf dem Boden.

Er sprang nach Ter Horst, der den Schreibtisch zwischen sie brachte. »Verrückter alter Deutscher! Warum ...?«

»Niederländer. Und ich war's nicht. Eine beachtliche Masse aus Farbe, Zeitung und Kleister flog gerade durchs Oberlicht herein, formte sich selbst zur Kugel und flog in Ihr Gesicht – wobei sie sich vermutlich das Ziel ausgesucht hat, das am wenigsten Schaden nimmt.«

Backer stieg über den Schreibtisch und streckte die Arme aus. »Du spinnst. So was *passiert* nicht einfach so. Du musst das *gemacht* haben ... o!« Sein Knie rutschte aus und warf ein Lehrbuch auf den Boden.

»Macht nichts.« Der Professor zog eine Grimasse. »Ist nur Karl Jaspers. Aber Sie haben den springenden Punkt verstanden, nicht wahr? Wenn ja, dann gehen Sie bitte von meinem Schreibtisch. Ich brauche ihn vermutlich noch.«

Backer glitt vom Tisch und bewegte sich langsam zur Tür zurück. »Du hast zu viele Haare auf den Zähnen, Holländer. Ich muss ... erst mal ... nachdenken.«

»Rider ...«, Ter Horsts Stimme wurde scharf. »Sie leiden.«

»Jeder hat Schmerzen.« Seine Hand war auf der Klinke, doch sie blieb nicht dort.

»Jeder hat seine Schmerzgrenze. Und offensichtlich haben Sie Ihre erreicht. Wollen Sie die Würfel noch mal rollen lassen und mit Tod und Wahnsinn weitermachen? So wie Sie aussehen, hatten Sie von beidem genug.«

Backer schloss die Augen.

»Ist es das, was Sie wollen? Wollen Sie den gleichen Weg gehen, den Sie andere haben gehen sehen? Manchmal müssen wir unsere Knie beugen, bevor wir aufrecht stehen können. Er ist hier. Er liebt Sie. Erlauben Sie ihm, dass er Sie auf Ihre Füße stellt!«

»Es ist zu spät!« Der Schlafmangel, der Blutverlust und die Trauer um Colt ließen Backer taumeln.

»Sie sind noch nicht tot. Es ist noch nicht zu spät.«

Colt ... Ich hab versprochen, auf dich aufzupassen, Kind.

»Ich kann nicht!«

»Sie können.«

Donner schüttelte die Fenster.

Der Alte schnüffelte. »Sie könnten auch mal ein Bad nehmen.«

Backer schlug aus und sein Knöchel schleuderte Ter Horsts Kopf auf seinem dicken Hals zurück. Der ältere Mann wankte.

»Geächteter ...«, Ter Horst achtete nicht auf seine blutige Lippe. »Er liebte Sie sogar, als Sie ihm das antaten in ihrer Furcht und Unwissenheit. Und er liebte dich sogar dann noch ... so wie ich dich jetzt, durch ihn. Komm nach Hause, Junge. Heute ist dein Tag.«

Er legte seine wuchtigen Hände auf Backers Schultern, und das war gut so, weil der Rider das Gleichgewicht verlor und an der Wand heruntersackte. Der Alte konnte ihn so festhalten.

Backer vergrub seine geschwollenen Augen in den Handflächen. Ein Geräusch, das er nicht mehr kannte, an das er sich nicht mehr erinnerte, erhob sich schluchzend aus seiner Brust.

Schließlich wischte er die Nässe mit dem Ärmel weg und schaute auf. »Wie? Zeig mir, wie!«

• • •

Backer verbrachte den Rest des Tages mit Ter Horst. Abends, bei einem Kaffee in einem Eckladen, beendete der Professor seine Erklärungen. Und Backer beendete sein Zaudern.

An seinem Zeichenbrett vernahm Kobol nachts durch den peitschenden Regen das Grollen der Harley.

Er machte die kleine Lampe aus und tappte zur Vordertür. »Du bist mächtig spät dran, Wunderknabe«, begann er und hielt dann inne.

Backer stand auf der Schwelle. Wasser tropfte von seinem Gesicht und von der Lederjacke. Die beiden Männer musterten sich gegenseitig einen Augenblick lang, dann machte Kobol wortlos Platz.

Backer trat ein und ging über den Teppich, wobei er nasse Fußabdrücke in seinem Kielwasser hinterließ.

»Bist du okay, Mann?«, sprach Kobol in den Rücken des Riders.

»Ich hab's getan«, sagte Clint schließlich und drehte sich um. Obwohl er noch genauso zerschlagen, blutbesudelt und schmutzig war, hatte er sich doch deutlich verändert.

Kobol lachte, lauter als der plötzliche Donnerschlag. Seine gewaltigen Arme zerquetschten den Rider fast.

»Daddy, du weckst Luke auf.« Jeremy erschien in seinem blauen Pyjama verschlafen an der Tür.

Tiefes Gelächter dröhnte noch einmal durch das Haus.

»Lass ihn ruhig aufwachen, Sohn«, sagte Kobol und hob seinen Jungen hoch. »Es gibt Dinge, die ein Mensch einfach hören sollte.«

• • •

Backer wollte ursprünglich nur eine Nacht in Kobols Hütte bleiben. Am Ende blieb er neun Wochen. Er hackte Holz, reparierte die Decke, redete mit Kobol und Ter Horst, ging mit Jeremy und Luke spazieren, und er las. Er versuchte sich sogar als Koch.

»Briketts zum Frühstück?« Kobol stieß mit der Gabel nach den schwarzen Klumpen, die Clint auf seinen Teller plumpsen ließ.

»Das sind Spiegeleier.«

»So früh am Morgen lügt man nicht«, kommentierte Kobol und hackte mit dem Messer auf die Klumpen ein.

»Du hast morgens nicht deine beste Laune und ich auch nicht. Also halt den Mund und iss!«

»Gleichzeitig?«

»Iss oder bleib hungrig.« Backer attackierte seine eigene Portion.

»Wie Jeremia sagte ...«

»Hat er nie gesagt.«

»Aber du weißt doch nicht einmal, was ich ...«

»Morgen, Daddy und Clint.« Luke schlurfte in die Küche, seinen Bruder im Schlepptau.

»Was is' das für'n schwarzes Zeug?« Jeremy schaute schläfrig auf seinen Teller.

»Darüber diskutieren wir gerade.« Kobol legte seine Ellenbogen auf den Tisch.

»Ich will lieber was zu essen haben.«

»Ihr Jungs scheint mir nicht gerade alert zu sein«, sagte ihr Vater. »Wann seid ihr gestern Abend schlafen gegangen? Ihr habt zwar einen Wald abgesägt, als ich gestern von der Abend-Vorlesung kam. Aber das war mitten in der Nacht.«

»Was heißt *alert*?«, forschte Jeremy.

»Das, was ihr nicht seid«, antwortete Backer, kratzte die Eier in den Ausguss und ersetzte sie auf dem Tisch durch einen Krug Milch und eine Packung Cornflakes.

»Wir mussten so lange aufbleiben, damit Clint seine Geschichte zu Ende erzählen konnte.«

»Wir frühstücken hier und halten keine Vorlesungen.« Backer schob Luke eine leere Schale rüber. »Die Leute reden immer zu viel am Morgen und bei Beerdigungen.«

»Daddy, was meint Clint?« Jeremy zielte mit der Packung auf seine Schüssel und bedeckte den Tisch mit Cornflakes.

»Er ist so was, was man ›natürlich morbid‹ nennt«, sagte Kobol und sammelte die Cornflakes von seinem Schoß.

»Was ist ›morbid‹?«

»Später. Was ist das für ein Gerede, dass die Kleinen wegen einer Geschichte aufgeblieben sind?«

Backer goss dem Jungen Milch ein. »Iss, Kind.«

»Er hat uns von ... von *Schneewittchen und den sieben Bikern* erzählt.«

»Weißt du«, erklärte Luke, »da waren einmal sieben Kerle, und die waren klein wie wir ...«

»Außer, dass sie überall Tätowierungen hatten, von oben bis unten ...«

»Und sie hatten schwarze Lederjacken an, auf denen hinten ›Schlumpf‹ geschrieben stand.«

»Clinton, du hast ihnen das Blaue vom Himmel erzählt!«

»Und sie mussten gegen diese bösen Typen kämpfen, die sich die *Rothelmchen* nannten.«

»Und einer der Zwerge, der Dorkie, setzte sich auf seine Harley ...«

»Das«, sagte Kobol, »ist wirklich grimmig, auch wenn es nichts mehr mit den Brüdern Grimm zu tun hat und die Dinge auch gar nicht so gelaufen sind.«

»Die Dinge laufen so, wie du sie anschiebst.« Backer beugte sich über seine Maisflocken.

»Du hast noch so viel zu lernen in der verbleibenden Zeit«, seufzte Kobol.

»Nächstes Mal«, sagte Jeremy mit vollem Mund, »erzählt Clint uns die Geschichte von *Goldlöckchen und den drei kleinen Bullen*.«

»Geschichtsfälschung!« Kobol ließ seinen Kopf in die Hände sacken.

• • •

Die Jahreszeit wechselte, und Kobol sprach mit Backer über einen Platz in Denver, einem Kaffeehaus, einem Übergangsheim für städtische Obdachlose.

»Also, wenn ich Niklhas mitteile, dass du kommst«, sagte Kobol an einem Herbstnachmittag, »musst du auch zu deinem Wort stehen. Er will, dass Leute tun, was sie sagen.«

»'n Sturkopf, was?«

»Niklhas«, sagte Kobol, nachdem er einen Moment lang nachgedacht hatte, »ist 'ne ganz besondere Katze im Baum.«

Eines Morgens im späten Oktober wachte Backer auf und fühlte das Klirren des nahenden Winters in der Luft. Es wurde Zeit.

»Er hat nicht einmal ›Auf Wiedersehen‹ gesagt«, klagte Jeremy nachmittags und starrte aus dem Fenster auf den nackten Fleck, auf dem die schwarz-silberne Harley gestanden hatte.

Kobol schwieg einen Augenblick lang und schaute dem tanzenden Laub im Hof zu. »Ihr Jungs denkt gerne an Old Brummbär«, sagte er nachdenklich. »Ich muss an den großen Hund denken, den wir vor Störenfried hatten.«

Luke nickte: »Was ist mit ihm passiert, Daddy?«

Kobol schaute weiter aus dem Fenster. »Er war mehr ein Wolf als ein Hund. Und er war nicht von der Sorte, die wartet, bis etwas geschieht. Er ließ lieber selbst was geschehen.«

Er riss sich vom Fenster los und sank auf das Sofa zwischen seine Söhne. »An einem Frühlingstag war er da. Ein junger Bastard mit hervorstechenden Rippen stand vor der Küchentür. Und später im Dezember fanden wir seine großen dicken Pfotenabdrücke im Schnee, zurück in Richtung Berge.«

Luke fasste den weißen Hund an dessen Hals. »Störenfried läuft niemals weg!«

»Eines Tages werden wir gucken und dann hat Störenfried sein ganzes Hundeleben aufgelebt. Und dann ist es Zeit für ihn, dass er weitermuss.«

»Du meinst, wenn er stirbt?«, fragte Luke. »Das wird aber noch lange, lange nicht sein.«

»So scheint es heute.« Der Mann zerwuschelte die Locken seines Sohnes. »Doch es wird so kommen.« Seine Stimme wurde leise. »Oder *wir* gehen zuerst nach Hause und er muss sich von uns verabschieden.«

»Kann man denn nichts für immer behalten?«, trauerte Luke.

Kobol setzte seine Söhne auf seinen Schoß. »Das ist keine Für-immer-Welt. Doch seid dankbar für die Zeit, in der der Herr uns jemanden zur Seite stellt. Wie Old Brummbär ...«

»Oder wie Störenfried!«

»Oder Söhne«, er schaute auf seine Jungen, »... oder einen Freund.« Damit schaute er über die Schulter durchs Fenster auf den blanken Fleck, der schon wieder mit Laub bedeckt wurde.

»Lässt uns Jesus denn gar nichts für immer behalten?«, fragte Jeremy und vergrub sein Gesicht in dem weißen Fell des Hundes.

Kobol schwieg wieder und starrte aus dem Fenster. »Wir dürfen ihn selbst behalten.«

Die Großstadt

Die untergehende Sonne spiegelte sich in der goldenen Kuppel des Capitol-Gebäudes von Colorado, während Backer nach Denver hineinfuhr. Als er durch East Colfax glitt, warf der Abend seine Schatten vor dem Motorrad auf das Pflaster.

Herrenhäuser aus der Jahrhundertwende, die sich nun in brüchige Mietskasernen verwandelt hatten, pressten ihre steilen Schultern an Kneipen, winzige Kinos, Spirituosenläden und Coffeeshops.

Zwischen einem Geschäft für gebrauchte Bücher und einem Pornokino stand das FishHouse, ein umgebauter Espressoladen, der aus den Fünfzigern übrig geblieben war. Eine Glastür hielt die Abendkälte draußen. Ein kleiner, grüner, handgemalter *Ichthys*-Fisch schwang an Scharnieren darüber.

Gegen den Wind gebuckelt stand der Buchhändler in seinem Eingang und warf einen Zigarettenstummel in die Gosse. Derweil schritt eine große Blonde vorüber, die für den frühen Rocky-Mountain-Herbst reichlich dünn angezogen war.

Sie nickte dem Buchhändler zu. »Hast auch nichts zu tun, was, Kelley? Was diese Straße braucht, ist neues Blut.«

Beide reckten die Köpfe, als sie den Klang der Harley vernahmen.

»Das hat dieser Straße gerade noch gefehlt, Nora«, sagte der Mann. »Motorrad-Banditen.«

Backer hielt auf dem Bürgersteig, schaltete die Maschine aus und blickte eine Zeit lang in das schummerige Licht des FishHouse. Nach einem langen Augenblick beförderte er die Schlüssel in seine Jeans und schwang sich aus dem Sattel.

Nora stellte sich vor ihm auf. »Ich liebe Motorräder«, hauchte sie.

»Ich auch.« Er zog seine Handschuhe aus und klatschte sie geistesabwesend gegen seinen Ärmel, wobei er den wippenden Fisch über der Tür im Auge behielt. Dann ging er entschlossen voran.

Das Mädchen missverstand seine Richtung und baute sich erneut vor ihm auf. »Große, starke Jungs wie du müssen sich ihr Vergnügen doch nicht in einem Kino für alte Männer holen.«

Backer unterbrach seinen starren Blick und schaute das Mädchen an. Dann sagte er: »*Dorthin* gehe ich«, und deutete mit einem Nicken auf das FishHouse.

Sie musterte den Biker, seine zerfransten Jeans und sein zerfurchtes Gesicht. »Ganz bestimmt nicht!«

»Scheint fast so. Aber schau gut hin!« Sanft stellte er das Mädchen zur Seite.

Ein krächzendes Lachen folgte ihm. Er wandte sich vor dem FishHouse-Eingang abrupt um. »Was gibt's da zu lachen?«, fragte er den grinsenden Buchhändler.

Der Mann schüttelte den Kopf. »Nichts, gar nichts. Bestimmt nicht!« Sein Kopf verschwand im Laden und die Tür knallte zu.

Backer seufzte, straffte die Schultern und stieß die Tür des FishHouse auf.

Licht blendete ihn auf der Türschwelle. Er blinzelte und machte die verstreuten Tische aus, die baumelnden Lampen, ein paar huschende Gestalten und die Silhouette eines großen Mannes, der an einem kleinen Tisch saß und sich über ein Buch beugte.

Aus dem mächtigen Umriss leuchteten Augen. »Mach die Tür bitte entweder von außen oder von innen zu.«

Backer schwang den Arm und die Tür fiel klirrend ins Schloss.

Der Umriss stand vom Tisch auf und kam ins Licht. »Vince Niklhas.«

»Yeah.«

Schon Kobol war groß, aber dieser Mann war ein Gebirge. Goldene Haare fielen von einem breiten Schädel, hinter Wangenknochen, die Rodin modelliert haben könnte. Eisig blaue Augen stachen durch Backer hindurch, als sich der riesige Kiefer öffnete und Niklhas durch seine tadellosen Zähne verkündete: »Ich bin hier zuständig.«

»Darauf hätte ich gewettet.«

»Kobol hat mir gesagt, dass du kommst. Er und ich, wir waren in Vietnam zusammen auf Tour.«

»Ein Hoch auf die tapferen Soldaten.«

»Und Ter Horst verbürgt sich für dich«, stellte Niklhas fest und ignorierte den Sarkasmus. Sein langer Arm hielt eine Kaffeetasse unter den Zapfhahn einer gewaltigen Kaffeemaschine und reichte Backer die dampfende Tasse.

Clint kippte den Kaffee hinunter, verbrühte sich die Zunge, verbiss sich aber den Aufschrei. »Warum hab ich nur das Gefühl, dass du nicht gerade begeistert von mir bist?«

»Du bist ein schlauer Junge. Im Dschungel haben uns die schlauen Jungs umgelegt.«

»Hast du schon die Botschaft gehört? Es gibt Licht am Ende des Tunnels.« Er schwang den Arm in einer großen Geste über die sanft erleuchtete Einrichtung. »Und um dich herum wächst Asphalt und kein asiatischer Sumpf.«

Niklhas lächelte: »Willst du mir erzählen, dass das hier kein Dschungel ist?«

Backer wollte antworten, schluckte es dann aber runter.

»Wir haben Dschungelkrieg, Motorradmann.« Niklhas schluckte sein dampfendes Gebräu. »Du solltest das wissen.«

»Und Kobol hat dir bestimmt rüberwachsen lassen, dass ich keine Heiligenfigur für deinen Hausaltar bin.«

»Ich hab keine Verwendung für Heiligenfiguren.« Niklhas schenkte sich mehr Kaffee ein. »Passen nicht zum Inventar.«

Er hielt mit dem Nippen inne. »Kobol sagt, dass du ein Sünder warst. Das qualifiziert dich nicht gerade für die Halbwelt hier.«

»Danke.« Backer war noch keinen Schritt weiter ins Haus gegangen.

»Ich war früher Cop«, sagte Niklhas.

»Schick.«

»Einmal hatte ich Ärger ...« Er pflanzte sich wieder auf den Stuhl. »Setz dich doch, ja?«

Backer zögerte und entschied sich dann für den Stuhl gegenüber unter der Lampe.

»Wollte mich nicht schmieren lassen. Einige Gestalten sind mir dann nach Hause gefolgt. Es gab eine Schießerei. Meine Frau starb. Ich bekam Blei in die Hand und in die Hüfte. Ich gelte immer noch als schwerbehindert. Erst lange nach dem Begräbnis habe ich aufgehört zu hassen. Als ich es endlich konnte, bin ich hier gelandet.« Er setzte seine große Kaffeetasse ab. »Aber ich mag immer noch keine schlauen Jungs ... oder Biker.«

Backer knallte nun seine Tasse unsanft auf den Tisch. »Ich mag immer noch keine Cops.«

Sie blickten einander an. Niklhas streckte die Hand aus. Backer nahm sie.

Sie hielten den Griff ein wenig zu lange. Blaue Augen schauten in rotfleckige braune Augen.

»Wir sollten gut miteinander auskommen«, presste Niklhas durch seine perfekten Zahnreihen.

»Na toll«, erwiderte Backer und massierte sich unter dem Tisch seine zermalmten Finger.

Aus der schwierigen Allianz dieser beiden Männer entwickelte sich zunächst Respekt und dann Freundschaft. Während des Winters fügte sich Backer in die Gemeinschaft des FishHouse ein.

»Wir wurden aus der Finsternis herausgefischt«, erklärte

ihm Niklhas. »Und jetzt fischen wir nach den anderen. Wir sind Fischer ... jeder Einzelne von uns.«

Backer lernte die gesamte Schar kennen: den kleinen Chavez, Ex-Junkie und Messerkünstler mit heiserer Stimme und Augen wie Eiswürfel; Joanie, Kind der Straßen; Rob, ehemaliger Chorknabe und Ex-Satanist; und Dawn, die kupferhaarige und veilchenäugige junge Malerin, die bei einem Autounfall erblindete.

Jeder kam aus einer Welt, die Backer fremd war – und doch erkannte er in jedem ein Stück von sich selbst wieder. Er lebte und lernte unter ihnen während der Winterabende im warmen Licht des FishHouse.

Zuerst bestritt er seinen Unterhalt durch Reparaturen in dem baufälligen Gebäude, dann mit einem Gehalt als Mechaniker in einer Werkstatt an der Hauptstraße. Das wenige, was von seinem Gehaltsscheck übrig blieb, ging für Studienmaterial drauf: Lexika, Konkordanzen und Studienhilfen. Weil er zwischen Denver und Boulder pendelte, war er der Schüler dreier Lehrer. Mit Niklhas, dem ordinierten Geistlichen, studierte er die Bibel. Mit Ter Horst vergrub er sich in die Philosophie. Und in Boulder stemmte er in einer Sporthalle mit Kobol Gewichte.

Allmählich schmolzen die überflüssigen Pfunde, wie auch die Zeichen von Ausschweifung und Stress zurückgingen. Die Leute auf der Straße lernten ihn kennen. Er führte mit Dawn zusammen Speisungen durch, bereitete Quartiere für Obdachlose, redete zu den Straßengangs mit Chavez.

Und an den Winterabenden lauschte er im Lampenschein Chavez, wie er seine Gitarre spielte, und hatte lange Gespräche mit Dawn.

Dann kam jene kalte Nacht vor Weihnachten, in der Backer und Chavez vom Obdachlosenheim zum FishHouse zurückstapften.

»Haste mal 'n Streichholz?«

Backer schaute durch seinen hochgekrempelten Jackenkragen. Drei Jungen, Teenager, standen zusammengedrängt in einer Seitengasse. Einer trug eine marineblaue Pudelmütze. Die anderen hatten keine Mützen. Keiner trug einen Mantel.

»Wir rauchen nicht mehr«, sagte Chavez. »Aber ich weiß einen Platz, wo ihr zu einer heißen Tasse Kaffee kommt … und zu einem netten Plausch.«

»Und ich weiß, wohin ihr mich könnt …!« Der Junge mit der Mütze spuckte aus.

Backer versteifte sich und ging auf sie zu.

Chavez' Finger pressten sich in seine Schulter.

»Die sind nicht bereit zuzuhören.« Die beiden wandten sich ab in den schneidenden Wind. Flüche folgten ihnen.

»Vielleicht hätten wir sie zum Zuhören bringen sollen«, stieß Backer durch seine verkniffenen Lippen hervor.

»Du meinst, ihre mageren Rüben an die Wand klatschen und ihnen die Wahl geben: Entweder sie nehmen Jesus an oder wir reißen ihnen die vorlauten Köpfe ab?«

Backer lachte humorlos. »Vielleicht irgend so was in der Art.«

»Ich mag dich, Backer. Du bist ein gutes Beispiel.«

»Ich?«

»Jedes Mal, wenn ich mit dir plaudere, wird mir klar, dass Gott *jeden* retten kann.«

Backers Antwort ging unter in einem Schrei hinter ihnen. Die beiden rannten durch den Schnee zurück.

Am Ende der schmalen Gasse hinter einem rostigen Abfallcontainer drängten sich die drei Jungen um einen älteren Stadtstreicher. Rote Flammen aus einer Mülltonne zuckten über ihnen gegen die Mauer.

»Komm schon, Mann, du kannst die ganze Hitze nicht für dich allein haben«, sagte der größte der Jungen und packte den alten Mann an seinem zerlumpten Mantelkragen.

»Das ist hier mein Feuer. Ihr macht euch selbst eins!« Der Alte versuchte, den Jungen wegzustoßen. Eine Flasche fiel aus seinem Mantel und die Gasse füllte sich mit dem Geruch von billigem Whiskey.

Backer war zuerst da. »Lass ihn los!« Er griff den großen Jungen am Arm und schleuderte ihn herum.

»Dann nimm eben die ganze Hitze!« Der zweite Junge trat die Blechtonne um. Brennender Abfall und Funken spritzten durch die kalte Nachtluft.

Der große Junge warf den Stadtstreicher in die Flammen. Der Alte rollte sich kreischend auf dem Boden und schlug nach der Glut, die in seinem feuchten Mantel schmorte.

Backer stieß den großen Jungen beiseite. Doch der zweite Junge hatte sich die halbvolle Whiskeyflasche geschnappt und zerbrach sie über dem Ohr des Riders. Blut und Alkohol rannen über sein Gesicht.

Mit dem ausgezackten Flaschenhals in der Hand sprang der zweite Junge auf Chavez los. Der kleine Mann duckte sich und rammte seine Schulter gegen den Jungen, sodass dieser durch die Luft flog.

»Rick, ich brenne, ich brenne!«, schrie der Jüngste. Fliegende Asche hatte zischend seine Mütze und sein billiges Hemd in Brand gesetzt.

Der Alte machte sich die Gasse entlang aus dem Staub.

»Wir machen die Biege!«, schrie der große Junge.

»Was ist mit Darcey?« Der Zweite zögerte.

»Weg hier!« Der Große floh, der Zweite folgte ihm auf den Fersen.

Backer griff nach dem sich wälzenden, brennenden Jungen, der blind um sich schlug. Er schickte seine Faust durch den purpurnen Feuerschein an den Kopf des Jungen und fühlte die sengende Hitze, als seine Knöchel gegen Fleisch prallten. Der Junge wurde schlaff, und Backer schob und zerrte ihn in den Schnee, der sich vor dem Container auftürmte.

Er rollte den Jungen beharrlich im schmelzenden Schnee hin und her, als plötzlich der Schmerz in seinem Arm aufflammte zu einer blauweißen Hitze, die über seinem Gesicht und seinen Haaren explodierte.

Dann klatschte ein Gewicht gegen seine Haut und hörte nicht auf, ihn zu schlagen. Chavez hatte seinen Mantel durch den Schnee gezogen und schlug damit wie wahnsinnig auf Backer ein, auf dessen Haut der Whiskey verbrannte.

Eine Sirene.

Gedämpfte Stimmen.

»Fleischtransport!«

»Hast du sein Gesicht gesehen?«

Ein niedriges Wagendach über ihm. Chavez starrte zu ihm runter.

»Schätze, du hättest das mit Reden hingekriegt«, murmelte Backer, als der Ambulanzwagen sich in Bewegung setzte. »Ich handel immer zu schnell und denk zu langsam. Sorry, Bruder.« Er erhob seine Hand, um den anschwellenden Riss über Chavez' rechtem Auge zu betasten.

Doch es war nicht seine Hand, die hochreichte zum Gesicht des kleinen Mannes. Es war ein schwarz-roter Stumpen. Backer zuckte instinktiv zurück, als er ihn sah. Die Reste seiner Hand fielen ihm aufs Gesicht und dann war da nur noch Schmerz, Schmerz, Schmerz, als er die Wahrheit erkannte.

Das Krankenhaus

»Hätte noch schlimmer kommen können«, sagte der junge Arzt, als seine feinfühligen Finger über Backers Gesicht wanderten. »Wenn das Haar nachwächst, wird es den Schaden auf dem Kopf verbergen. Und was das Gesicht anbelangt ...«

Backer nahm die linke Hand, um die sichelförmige Furche zu ertasten, die unter dem rechten Ohr begann, sich um den Kiefer zog und sich dann in der rechten Wange hochpflügte. Sie verzerrte seine Mimik zu einem dauernden sardonischen Grinsen.

»Hauttransplantationen sind nicht unmöglich, aber ...«

»Meine Medikamenten-Allergien. Das haben Sie mir ja schon gesagt. Und die Kosten.«

»Ja ... Wenn der Bart, den sie sich gerade wachsen lassen, länger wird und der letzte Verband abkommt und wenn das Gewebe gut abheilt, dann ...«

»... seh ich aus wie James Dandy«, grunzte Backer. »Völlig neue Karrieremöglichkeiten als Werwolf-Darsteller.«

»Und Ihre rechte Hand werden sie fast wieder normal gebrauchen können.«

»Ich werde sie *völlig* normal gebrauchen können.« Wie zum Beweis streckte er sie hoch. Der Verband bedeckte das ruinierte Wölfe-Tattoo.

Der Arzt formulierte einige höfliche Antworten und ging dann.

Als das Flattern des Doktorenmantels verklang, schaute er zu Chavez rüber. »Ich hätte dich erst reden lassen sollen. Du hättest das hingekriegt. Ich *glaube* immer noch. Doch ich bin wohl nicht gerade zum Möchtegern-Kreuzritter geboren.«

»Du brichst mir das Herz«, gähnte Chavez. »Du bist wirklich der Einzige, der jemals einen kapitalen Fehler gemacht hat.

Hast ja Ben Casey gehört. Wenn dein Haar und dein Bart erst mal gewachsen sind ...«

»... dann seh ich aus wie ein Steak mit Perücke.«

Chavez schob seine kurzen Beine unter den Stuhl. »Sorry, Vato, aber du warst noch nie ein Elvis. Schönheit geht nicht tiefer als die Haut, und selbst da hast du es nicht weit gebracht.«

Ein gut gezieltes Kissen klatschte an die Wand über seiner Schulter.

Chavez brach auf und wünschte Backer noch einen friedlichen Tag.

Die dumpfen Krankenhaustage und -nächte wurden nur durch das Licht hinter dem Fenster und durch die Schichtwechsel des Pflegepersonals unterschieden.

Rob, der ehemalige Satanist, besuchte ihn. Ebenso Joanie und sogar der Buchhändler Kelley und Nora, die große, blonde Bordsteinschwalbe. Sie machte ausgewählte Bemerkungen über die Gassen-Punks, doch Clint schüttelte den Kopf, bis der brennende Schmerz seinen Bewegungen Einhalt gebot.

»Nein ... Ich war auf ihrem Turf. Ich musste helfen.«

»Ich sehe kein Supermann-S auf deiner Brust, Süßer.«

Seine bandagierte Pranke hielt das kleine Kreuz hoch, das nun an seinem Hals baumelte. »Ich trage ein anderes Zeichen.«

Angewidert lief Nora hinaus. Nicht einmal Kelley konnte ihr Backers Gründe vermitteln.

Dann kam Dawn. Ihre leeren veilchenblauen Augen waren gefüllt, als ob sie sehen könnte. Sie streckte ihre Finger aus, um die Konturen des Verbands zu ertasten, doch Backer hielt sie mit der gesunden Hand zurück.

»Nicht.«

»Okay.«

»Ich habe Langeweile. Spielst du was mit mir?«

Sie versuchte zu lächeln. »Ping-Pong kann ich nicht gut und Schach ist nicht mein Ding.«

»Lass uns Märchen erzählen. Ich tu so, als wenn du dir nicht vorstellen kannst, wie ich aussehe, und du behauptest, dass ich aussehe wie Niklhas in Wirklichkeit.«

»O, aber ich habe Niks Gesicht abgetastet. Ich finde, er ist ...«

»... niedlicher als Mary Poppins. Yeah, und mit Sicherheit kannst du dir ganz gut vorstellen, wie mein fabelhaftes neues Gesicht aussieht.«

»Clint, ich ... ich sehe, wie du *innen drin* aussiehst.«

»Aha, du hast gelünkert. Schäm dich!«

Wenn er versuchte, sie abzuweisen, so hatte er keinen Erfolg. »Clint, als ... als ich noch sehen konnte, war ich von lauter schönen Götzen umgeben.«

»Warum denken so junge Dinger immer, dass sie bei hässlichen Männern beichten müssen.«

»Nein, hör zu! Die Natur war mein Gott und die Maler, solche wie Turner und Constable, waren meine Priester.«

»Die Impressionisten. Ja, ich erinnere mich, dass wir darüber gesprochen hatten. Ich dachte erst, dass du über Typen sprichst, die in der Ed Sullivan Show Cagney und James Stewart imitieren.«

Sie lachte. »Du erinnerst dich also. Männer und Frauen, die eine neue Art des Sehens fanden. Sie malten nicht mehr die Szene, sondern warfen das Licht selbst – oder seinen Widerschein – auf die Leinwand.« Sie hielt inne und erinnerte sich. »Sie waren so schön. Ich könnte Whitman und Thoreau lesen und einen Druck von Turner ansehen und mich dabei fühlen, als ob ich Prometheus zusähe.«

»Ist das der Kerl, der James Cagney nachmacht?«

»Du bringst mich nicht durcheinander«, beharrte sie. »Das lasse ich nicht zu. In der Legende stahl Prometheus das Feuer von den Göttern und brachte es den Menschen.«

»Liefert er immer noch? Vielleicht könnten wir bei ihm ein warmes Essen bestellen.«

Nun klang sie wirklich verärgert. »Ich versuche dir etwas mitzuteilen und du versteckst dich nur. Ich habe es noch niemandem sonst anvertraut ...«

»Sorry, Babe.«

Sie drückte seine heile Hand und sagte: »Sie waren so schön ... Ich erinnere mich immer noch an sie.«

»Schlimmer Bruch.«

»Nein.« Sie ließ seine Hand los. »Das versuche ich ja die ganze Zeit zu sagen. Es war nicht schlimm ... nicht wirklich ... nicht für immer.«

»Du versuchst mir einzureden, dass blind nett und verbrannt hübsch ist.« Die harschen Worte verletzten.

»Ich vergeudete mein ganzes Leben ... um das Licht einzufangen, die Schönheit um mich herum. Als aber meine Götzen erst zerstört waren, musste ich tief in mein Inneres hinabtauchen, um das wirkliche Licht zu finden.«

»Gott hat also dir die Äuglein genommen und mir die Pelle, damit wir die Aussicht besser genießen können?«

»Selbstmitleid.« Sie schüttelte den Kopf. »Den Geschmack kenne ich. Diese Droge macht extrem süchtig. Bevor ich blind wurde, war ich so hungrig nach dem Licht, dass ich alles probierte, was angeboten wurde – LSD, Meskalin. Ich wollte, dass das Licht kam, wenn ich es rief.«

Sein Gesicht schmerzte. »Und dann hast du dein Augenlicht gegen ein übersinnliches Blitzlicht eingetauscht.« Er drehte sich zur Wand.

»Wir waren auf dem Weg zum Tanzen, als wir umgenietet wurden«, erzählte sie. »Doug, mein Verlobter, starb am Unfallort.«

»Das hast du nie erzählt ...«

»Nicht im FishHouse ... nur Nik weiß davon. Professor Ter Horst hat mich zu ihm geschickt.«

»Der fliegende Holländer kommt weit rum.«

»Ich ließ die Schmerzmittel hinter mir und schoss den Straßenstoff zum Mond. Doch Ter Horst erklärte mir, dass mein eigentliches Problem Selbstmitleid war.«

Schritte hallten auf dem Gang. Zeit für die Pflege.

Sie sprach hastig. »Als ich endlich dieses Licht gefunden hatte – ein wirkliches Licht, ein Licht, das für mich da ist – war ich endlich gesättigt. Ich wusste, dass alles mit mir in Ordnung ist ... obwohl meine Eltern einen anderen Glauben hatten und mich nicht mehr haben wollten. Aber Doug – er hatte es auch, deshalb konnte ich ihn loslassen. Denn ich werde ihn zurückbekommen.«

»Das hoffe ich für dich, Kind«, sagte Clint zum Klacken ihrer Absätze, als sie ging. »Engel müssen viel mit dir gemeinsam haben.«

In jenen bitteren Wochen des Selbstzweifels spulten sich die Ereignisse immer wieder in seinen Gedanken ab. Was hätte er tun können oder sollen? Ist das der Preis des Christentums? ... Oder war es einfach Dummheit? So oder so, er würde die Male für den Rest seines Lebens tragen.

Nachts lag er im Bett mit der bandagierten Hand auf der Brust und seine Augen suchten die Schatten der Zimmerdecke ab.

Beschützt du so die, die zu dir gehören, Herr?

An einem klaren Nachmittag dröhnte Niklhas' Schuhgröße 48 durch die Flure.

Der riesige Mann setzte sich verkehrt herum auf einen Stuhl.

»Als meine Frau getötet wurde, im Wohnwagen ...«

»Ich erinnere mich.«

»Sie war erst sechs Monate im Land. Ich hatte sie aus Vietnam mitgebracht. Sie ... wurde durch mich Christin. Ich ... war neu ... Ich versprach ihr, dass Gott sich um uns kümmern werde. Als die Schießerei losging, kroch sie hinter die Waschmaschine. Die Kugel ging quer durch. Sie ... hat nur noch drei Tage gelebt.«

Backer schaute ihn über das Bett hinweg an. »Warum?«, fragte er nur.

Niklhas bleckte sein perfektes Gebiss. »Warum Gott das zuließ? Das hab ich immer noch nicht raus.«

»Gib mir Bescheid, wenn du es herausfindest, Augustinus«, murmelte Backer.

Eine Stimme schnarrte über Niklhas' Schulter, so als ob Kiesel unter den Füßen knirschten.

»Alle Dinge dienen denen zum Besten, die den Herrn lieben.« Ter Horst stapfte in den Raum.

»Hol dir ein paar Stühle und erkläre mir, was Gutes an dem ist ...!« Backer streckte seine blasse Faust aus, der gerade erst der Verband abgenommen worden war. »Oder daran ...!« Die Faust schlug auf die Furche in seinem Gesicht.

»Könnte nützlich sein, um ungezogene Kinder zu erschrecken.« Ter Horsts untersetztes Hinterteil platschte aufs Bett neben Backers Oberschenkel. »Er hat schließlich nicht gesagt, dass alles immer nur rosig ist. Sondern er hat versprochen, das Schlimmste in das Beste umzuwandeln.«

»Ist das alles?«

Ter Horst seufzte. »Und vielleicht ... noch mehr. Aber du musst suchen, um zu finden.«

Backer schaute weg. Ein Knuff auf die Bettdecke brachte ihn wieder dazu, den Holländer anzuschauen. »Und was das Suchen anbelangt, hab ich dir dies hier mitgebracht. Soll ich es unter der Decke verstecken, damit wir schon einmal das Suchen üben können?«

Backers rotfleckige Augen weiteten sich, als er den schweren Paperback-Einband hochnahm. »Allgemeine Hochschulzulassung?«

»Du hast meine Beredsamkeit lange genug ausgebeutet.

Nutze deine gegenwärtige überreiche Freizeit fürs Studium. Bestehe die Hochschul-Eignungsprüfung. Wenn ich das nächste Mal deine polternden Stiefel auf dem Campus höre, lass sie auf dem Weg zur Vorlesung sein.«

Backer öffnete seinen schiefen Mund zu einer Antwort. Doch es kam nichts heraus.

»Und sei pünktlich«, fügte Ter Horst hinzu, wischte seinen abgewetzten Anzug ab und schritt zur Tür hinaus. »Ich lass niemanden in die Vorlesung, nachdem ich meine Lektion begonnen habe.«

»Aber das kann ich nicht ... Ich bin zu alt ...«

»Dummschwätzer!«, sagte Niklhas. »Hier – das ist von Kobol.« Er schob eine Hand in die Tasche und holte einen roten Gummiball hervor. Er fiel aufs Bett. »Er sagt, dass er einst deine Fantasie angestoßen hätte.«

Backer riss seine Augen vom Buch los und stotterte: »Meine Visage hat er angestoßen, und die ist nicht ganz so fantastisch. Aber ...«

Niklhas griff Backers schwaches rechtes Handgelenk und drückte ihm den Ball zwischen die Finger. »So kannst du deine schwache Hand trainieren, während du gleichzeitig deinen schwachen Verstand trainierst.«

Backers Blick sprang hin und her zwischen dem Ball in der einen Hand und dem Buch in der anderen.

Niklhas tippte mit dem Finger auf den Ball und sagte: »Ich persönlich hab auf den Ball gewettet.«

»Wirklich?«

»Zeig mir, dass ich falsch liege.« Niklhas blieb noch einmal an der Tür stehen. »Übrigens: Wir haben im FishHouse einen neuen Bewohner seit gestern. Eine Zuweisung vom Gericht. Ich habe alte Beziehungen spielen lassen.«

Unbewusst begann Backer, den Ball in seiner rechten Faust zu quetschen, während er auf das Buch in seiner Linken starrte. »Aha ...«

»Heißt Darcey«, sagte Niklhas nebenbei. »Das Kind aus der Gasse.«

Der Ball fiel auf den Boden. »Das Kind, das mir ... dies hier angedreht hat?«

Ohne sich umzudrehen fragte Niklhas: »Erinnerst du dich noch an das, was ich über meine Frau erzählt habe?«

»Ja?«

»Es war ein Biker, der das getan hat.« Niklhas kniete sich hin und schaufelte den Ball vom Boden mit der rechten Hand, die unterhalb der Knöchel noch die runzelige Einschuss-Narbe aufwies.

»Wir sehen uns zu Hause wieder.« Damit warf er den Ball zurück aufs Bett.

Die Straßen

Heute?«

»Alles runter.« Die Schere des Assistenzarztes fraß sich durch den Mull. Erst das Gesicht, dann die Hand.

Clint schaute herab und sah eine dünne, blasse rechte Hand und ein purpurnes Geschmier, wo einst das Abzeichen der Wölfe eintätowiert war.

Einzeln bog er seine Finger durch. Es war noch schwierig, doch sie alle funktionierten.

»Schön verheilt«, bemerkte der Assistenzarzt ohne Begeisterung. »Hätte viel schlimmer ausgehen können.«

»Warum bieten Sie mir keinen Spiegel an? Was ist los, Doc?«

Schweigend streckte der Arzt die Hand aus. Die Schwester drückte ihm eine kleine Glasscheibe in die Hand.

Backer streckte die Hand aus und zwang sie um das Handgelenk des Assistenzarztes.

»Ich bin kurzsichtig, Doc. Ich müsste Brille tragen, aber so was ist einfach nicht cool.« Er zog den Spiegel näher an sein ruiniertes Gesicht heran.

»Jesus!« Er wusste selbst nicht, ob er das als Fluch, Gebet oder Ausruf des Erkennens meinte.

Sein Bart war ockerfarben, sein Haar lang im Stil der Mode und die Halbmondfurche bohrte sich in sein Gesicht. Das schiefe Grinsen war dauerhaft. Und dennoch war da ein Ausdruck in seinen Augen, den er vorher nicht gekannt hatte.

»Hätte viel schlimmer sein können«, wiederholte der Assistenzarzt und erhob sich.

Backer versuchte zu lächeln und bei dem Versuch wurde ihm erst richtig klar, dass das Gesicht im Spiegel zu ihm gehörte.

Leiden ruhte in seinen Augen – still, unbesiegt –, als er seine verwundete Hand bog.

Vielleicht sah Christus so aus, dachte er, bevor er diesen Gedanken als lästerlich verbannte.

Aber Dawns violette Augen und ihre Worte über das Licht, das es tief in einem selbst zu ergreifen gäbe, blieben in ihm, als der Märzregen an das Fenster prasselte. Und als der Assistenzarzt gegangen war, starrte er noch immer auf sein eigenes fremdartiges Spiegelbild.

• • •

Anfang März spritzte Schneematsch gegen die Fenster, als Chavez den alten Bus der Gemeinschaft durch die Pfützen zurück zum FishHouse scheuchte.

»Ich habe das Getriebe erst vor einigen Monaten eingebaut«, grummelte Backer durch seinen Bart. Die Finger umklammerten den roten Gummiball. »Du kannst es nicht zermahlen wie eine Tortilla.«

Nervös quetschte er weiter den Ball. Stärke pulsierte durch seine dicker werdenden Finger. AUFundZU, AUFundZU ...

... fast wieder normal, dachte er, *vielleicht stärker. Eigenartig ...*

Chavez gluckste vergnügt. »Erzähl mir nichts über Tortillas, du Pachuko mit Frikadellengesicht. Ich habe dich nie auf den Straßen von East L.A. gesehen.«

»Ich war dort. Du hast einfach nicht in den richtigen Schlabber-Anzug geguckt.«

Chavez fuhr auf den Bordstein.

»Zoot-Suits!« Chavez würgte den Motor ab. Backer sah die eifrige Schar von Gesichtern im Regen auf dem Bürgersteig. »Du bist nicht nur verunstaltet, sondern auch alt, *Mano*.«

Clint sah, wie sich Nora und Kelley durch die Menge nach vorne drängelten, sah kurz Kelleys Gesichtsausdruck, den er schnell wieder verbarg.

»Yeah«, sagte Clint, als die Tür aufsprang. »Schnell weg hier.«

Innen erbebte das marode FishHouse unter der gesamten Bewohnerschaft.

Die meisten von ihnen waren schon vertraut mit dem verbogenen Grinsen unter seinem Bart. Doch er bemerkte, dass sie dem Ausdruck in seinen Augen auswichen.

Außer Dawn. Ihre erloschenen Augen waren auf ihn gerichtet, dann waren ihre Arme um ihn und sicherlich enthielt ihr ins Ohr geflüstertes Willkommen mehr als bloße Freundlichkeit.

Er kämpfte sich durch die schulterklopfende Menge, schüttelte Hände, schlug auf Handflächen, umarmte und wurde umarmt.

Irgendwo in der Ecke, am Treppenabgang, war ein neues Gesicht: dünn und ausgemergelt, kaum mehr als ein Kind, eine kleine rötliche Narbe auf der Stirn war beinahe verborgen durch die Haare, die ihm ins Gesicht fielen.

Das Kind aus der Gasse.

»Das ist Darcey«, stellte Niklhas vor.

Der Junge streckte seine rechte Hand aus.

AUFundZU AUFundZU AUFundZU gingen Backers Finger.

Nach einem langen Moment schnippte er den Ball in seine linke Hand und schob seine Rechte fest in den Griff des Jungen.

Der Kleine fing an zu stammeln über »jene Nacht« und wie dankbar er sei.

Backer hörte nichts davon. Er starrte das eifrige junge Gesicht an, runzelte die schweren Augenbrauen und versuchte das plötzliche Bild von Colt auszulöschen, der sich beinahe genauso jung, verzweifelt lächelnd den Pistolenlauf in den Mund schob ...

Doch das war damals und dies war jetzt.

Bezwing deine Gedanken, sagte er zu sich selbst. *Dies ist ein anderes Kind und wir sind nur eine Picknick-Gesellschaft in einem Bilderbuch.*

Hier spielt die Musik und du willst einen guten Eindruck machen.

Plötzlich wurde ihm bewusst, dass alle Augen auf sie beide schauten. Backer zog seine Hand zurück.

»Was kannst du?«

»K-können?«, stotterte der Junge.

»Ich weiß, dass du einen reichen Daddy hast und dass deine Mutter gut aussieht. Aber das hier ist das FishHouse, Kindchen, und es gibt Arbeit.« Er schaute hoch, als die Decke drohend knarrte. »Manchmal müssen wir einfach nur zusehen, dass uns die Decke nicht einstürzt.«

Das Gesicht des Jungen wurde traurig. Er ließ seine Hand sinken.

»Daddy mag vielleicht reich sein und Mama für ihr Alter gut aussehen. Aber ich kann trotzdem arbeiten.«

»Bestimmt?«

Der entschlossene Gesichtsausdruck erinnerte ihn wieder an Colt.

»Stell mich auf die Probe.«

»Das werde ich ganz sicher tun.«

• • •

Als der Frühling in Colorado sich langsam durchsetzte, hatte sich Backer an einen neuen Lebensstil gewöhnt. Es erstaunte ihn, wie wenig Unterschied sein Aussehen bei den Leuten auf der Straße machte. Dennoch war er als Unikum abgestempelt. Er prägte das Stadtbild wie der Springbrunnen mit der Statue an der Kreuzung zwischen Broadway und Colfax.

Die Prostituierten kannten ihn. Sie wussten, dass er weder ein Naivling war, den es über den Tisch zu ziehen galt, noch ein Pharisäer, dem Verachtung gebührte. Nora, die eins achtzig große Blonde, verteidigte ihn leidenschaftlich.

»Komm zu uns«, drängte Backer.

»Eddie würde mich umbringen.«

»Ich kenne Eddie«, antwortete Backer grimmig. »Ich werde mit ihm ein Gespräch führen.«

»Eddie lässt kein Pferdchen aus dem Stall.«

»Willst du denn raus?«

»Bisher eher nicht.« Sie schaute zur Seite. »Aber jetzt … ja, ja, kann schon sein.«

»Du weißt, zu wem ich gehöre.«

»Klar.«

»Willst du auch dazugehören?«

»Yeah.« Sie blickte versonnen vor sich hin. »Kann schon sein.«

Er drängte sie nicht.

Er sprach mit Eddie.

Eddie nahm den Greyhound-Bus zur Küste.

Nora zog ins FishHouse.

Die Jugendgangs begannen, ihm zu vertrauen.

Eine Abgesandtschaft kam und verlangte nach »Captain Blood … weiß'te, diesen Büffel-Typ mit so'm Piratengrinsen«, um zwischen den Krieg führenden Banden zu vermitteln.

»Captain Blood, hä?«, machte Niklhas, als die Jungen davonstolziert waren.

»Hätte schlimmer kommen können.« Backer zuckte mit den Schultern und fragte sich, wo er den Namen schon mal gehört hatte. Das Gedächtnis ließ ihn im Stich.

Und dann ging er zu den Straßengangs, stand auf dem umstrittenen Turf, sprach ruhig – und es gab keinen Krieg in West High an jenem Wochenende.

»Ja, ich habe gehört, dass sie von Captain Blood gesprochen haben«, flachste Chavez. »Doch ich find, sie hätten besser Igor … oder vielleicht Quasimodo sagen sollen, weißt du?«

Das gelb gestreifte Vinylsofa überschlug sich mitsamt Chavez.

Eines Abends, als der Duft des spanischen Flieders ins Zimmer zog von dem Fleckchen Erde, das ihm inmitten des allgegenwärtigen Pflasters vergönnt war, kam Dawn zu ihm.

»Ich will dein Gesicht berühren«, sagte sie und erhob ihre Finger.

Backer zog seinen Kopf weg.

»Eine neue Karriere für mich«, erklärte sie ihm. »Weil ich nicht sehen kann, kann ich auch nicht malen. Aber meine Finger sind nicht blind. Ich hab mir Ton gekauft – ich werde versuchen zu modellieren. Ich denk, ich werde mich an eine Büste des Apostels Petrus wagen.«

»Das Talent hast du«, sagte Backer.

»Aber ich brauche ein Vorbild – jemand, dessen Gesicht ich berühren kann, der mir Modell sitzt.«

»Niklhas, wen sonst? Er ist dazu geradezu geboren worden.«

Sie lachte: »Für Michelangelo, vielleicht. Aber ich sehe – entschuldige den Ausdruck – Petrus als einfachen Menschen an, schlicht, aber stark. Es war sein Herz, das außergewöhnlich war, nachdem Gott es berührt hatte. Das will ich zeigen.«

Ihre Finger begannen vorsichtig, Backers Umrisse abzutasten.

Backer hielt sie fest. »Ich bin ... verbrannt.«

»Ich kann das ignorieren, wenn du es kannst.« So begann der erste einer Reihe von Abenden, an denen der Rider und das Mädchen miteinander redeten, während sie sich abmühte, das neue Medium zu beherrschen.

Nach jeder Sitzung warf Dawn ein Tuch über ihr Werk.

»Wann werde ich es sehen dürfen?«, fragte er.

»Wenn ich weiß, dass ich es beherrsche.«

• • •

Ein Nachmittagstraining mit Kobol im Spätfrühling wurde unterbrochen, als die zerknitterte Gestalt Ter Horsts in die Sporthalle von Boulder schlenderte.

Kobol lehnte an der Wand und wischte sich den Schweiß von der Stirn.

»Welche Ehre, Mijnheer Professor. Ich habe gerade unseren ungestümen Schüler in die Anfangsgründe des Kung-Fu eingeweiht.«

Er streckte seine Hand aus und half Backer auf die Beine.

»Beide, Leon und Nik«, keuchte der Biker, »geben keine Ruhe damit. Eine ihrer dauernden Vietnam-Nummern. Hab mir mal gedacht, ich find heraus, wie gut so ein mittelalter Konstruktionszeichner wirklich ist.«

Er kauerte auf der Matte. »Jetzt weiß ich es.«

»Körperliche Übung«, zitierte Ter Horst die Bibel, »ist zu wenigem nütze.«

Backer schüttelte den Kopf. »Aus dem Zusammenhang gerissen und in Ihrem Fall völlig theoretisch.«

Backer zog sich das triefende T-Shirt über den Kopf und zeigte so unbewusst die neuen Muskeln, die sich unter seinen Narben wellten.

»Zumindest habe ich dein Vokabular weitergebracht als ›wrum, wrum‹.«

Ein Heft flog aus Ter Horsts knorriger Hand und Backers Finger schnellten durch die Luft, um es zu fangen.

»Eindrucksvoll«, nölte der Professor. »Schade, dass deine intellektuellen Fähigkeiten noch nicht ähnlich katzengleich geworden sind. Dennoch enthält der Text, den du da hältst, zum Teil Worte mit mehr als zwei Silben. Also gib dir Mühe, ihn zu begreifen.«

»Ich mach beide Augen auf.« Backer öffnete den Ordner. »Sommersemester?«

Ter Horst senkte seinen Kopf um fünf Millimeter. »Ich habe

mich herabgelassen, einen sehr elementaren Kurs während des Sommersemesters zu leiten. Ein Neandertaler wie du sollte fähig sein, sich dort zu immatrikulieren.«

»Ich bereite mich immer noch auf die Allgemeine Zulassung vor.«

»Du«, zog Ter Horst die Nase hoch, »hast Angst.«

An jenem Abend saß Backer Modell für Dawn und ihre stummen Finger bewegten sich zwischen seinem Gesicht und dem Ton hin und her. Da stand plötzlich Darcey vor ihm und murmelte etwas daher wie ein Maschinengewehr.

»Was?« Backer lehnte sich zurück. Der Junge schluckte und sprach dann im Schwall weiter, wobei die Worte sich überschlugen.

»Ich war schon im letzten Schuljahr, aber dann hab ich's geschmissen. Ich hab's hingeworfen, weil ich es satthatte, dass Mama mir immer dazwischen ... egal, bevor ich auf der Straße landete, stand ich kurz vor der Zulassung. Und ich dachte, vielleicht ... vielleicht könnte ich bei dir ein wenig wiedergutmachen ... für dein Aussehen.«

Dawn kicherte. Dann schleuderte sie ihre kupferbraune Mähne aus dem Gesicht. »Tut mir leid«, murmelte sie, als sie die Verlegenheit des Jungen bemerkte.

»Möglicherweise kann ich nächsten Monat nach Hause gehen und ich dachte mir, ich könnte dir vorher helfen, deine Allgemeine Zulassung zu bekommen.«

Backer drückte den Ball, den er immer noch in seiner mittlerweile erstarkten rechten Faust trug. »Ist es so offensichtlich, dass ich Angst habe?«

»Ich könnte dir helfen«, wiederholte Darcey stur.

An den folgenden Abenden konnte man den zotteligbraunen Kopf Backers und den strohblonden Kopf Darceys zusammen über Notizbüchern, Texten und dem abgegriffenen Buch für die Allgemeine Hochschulzulassung brüten sehen.

»Ich werde Elektronik-Ingenieur«, teilte ihm Darcey während der Arbeit mit.

»Wenn du groß bist, was? Was kannst du denn mit einer Maschine anfangen?«

Der Junge offenbarte eine unheimliche Kenntnis von allem, was summte. Die Anwohner des Wohnblocks begannen, sich über die Reihen von Fahrzeugen zu beschweren, die den Weg hinter dem FishHouse blockierten. Backer kümmerte sich um die mechanische Seite, Darcey um die elektrischen Systeme.

Als die beiden die 16. Straße zurückfuhren von einem »Hausbesuch« bei einem Rambler-Kombi, deutete Darcey mit dem Daumen auf ein turmartiges weißes Bürogebäude zur Rechten.

»Ich will dir was zeigen.«

Sie nahmen den Außenaufzug – 1970 einer der ersten in diesem Gebiet – hoch zur Aussichtsplattform. Eines Tages würde es dort ein Restaurant geben, doch jetzt war sie nur eine nackte Fläche, von einem festen Maschendrahtzaun umgeben. Sie lehnten sich an das Geflecht und spähten weit über die Stadt. Die heutige Smog-Schicht war noch nicht ständig vorhanden und im Westen erhoben sich die ewigen Rockys.

»Mein Dad hatte hier oben ein Büro. Er ist Ingenieur. Nach der Scheidung kamen wir hier hoch und redeten. Damals mochte er mich noch.«

»Willst du ihm einen Besuch abstatten?«

»Nicht jetzt. Er macht gerade einen Öl-Job in Saudi-Arabien. Doch damals machte es Spaß, ihn zu besuchen. Er hat sogar meinem Bruder einen Ferien-Job als Nachtwächter hier oben besorgt.«

»Wir müssen los, Darce.«

»Daddy hat niemals herausgefunden, dass mein Bruder nachts öfters einige unserer Leute hineinließ. Wir haben hier oben Zirkus gemacht.« Er nickte nach unten. »Wir konnten sogar den Außenaufzug nehmen. Weißt du, wie einfach es ist, diesen kleinen Senkrechtstarter anzuschmeißen?«

Backer legte seine Hand auf den Arm des Jungen.

»Wir machten so etwas ...« Darcey schüttelte sich los, sprang auf den Zaun und balancierte gegen den Wind, der von den Rockys hereinblies.

»Hör auf, dich wie ein dummes Kind aufzuführen!«

»Aber ich bin ein dummes Kind.« Der Junge hüpfte herab. »Schau nur, was ich dir angetan habe – unter anderem.«

»Das ist vorbei.«

»Witzig.« Darcey lehnte sich über die Brüstung. »Mein Bruder lässt sich in einem Urwald auf der anderen Seite der Welt töten, mein Dad arbeitet in Übersee, meine Mutter geht auf in ihren Wohltätigkeitsempfängen und ich finde mein natürliches Niveau, indem ich auf den Straßen alte Männer und Biker röste.«

»Halt's Maul!«

Darcey lächelte. »In unseren lichten Momenten wird uns klar, dass dieses Leben hart ist und gewöhnlich tödlich endet, was, Clint?«

»Manchmal stimmt's.« Backer ging zum Treppenschacht und erinnerte sich an eine Nacht im Gebirge. Dann sah er dem Jungen ins Gesicht. »Aber manchmal findet unser Inneres etwas ... jemand Besseren und Stärkeren als den Tod.«

»Den, den du gefunden hast, Captain Blood?«

Backer schaute dem Jungen in die Augen. »Den, der dich gefunden hat, reicher Jüngling.«

Schweigend glitten sie den gläsernen Aufzugschacht hinab an der Etage vorbei, auf der Darceys Vater einst gearbeitet hatte. Auf dem ganzen Weg hinab starrten Darceys blaue Augen nach oben zum Fenster hinaus.

• • •

Eine Woche später kehrte Backer erschöpft heim von seinem Job in der Werkstatt, als Niklhas mit dem alten Bus auf den Bordstein fuhr. Die Tür schwang auf in den Aprilabend.

»Motorradpause?«

»In solch einer warmen Nacht hab ich meine Harley in der Werkstatt gelassen. Bis' einsam?«

Niklhas hatte Backers Gedanken über die Zukunft unterbrochen. Darcey hatte ihm geholfen. Die Prüfung nächste Woche war so gut wie geschafft. Mit Ter Horsts Rückendeckung konnte er mit dem College im Sommer beginnen. Er hatte auch schon ein wenig Geld auf die Seite gelegt. Und bei Dawn konnte er sich nicht irren: Sie mochte ihn. Sein ruiniertes Gesicht konnte sie nicht sehen ... Er könnte sich ihr anvertrauen ...

»Darceys Mutter kam heute«, erklärte Niklhas hinter seinem Steuerrad. »Die Erbin selbst.«

»Wieso Erbin?« Backer kletterte in den Bus.

»Kennst du sie nicht? Anna Beaucage Alexander. Ihr Großvater Charles Beaucage fand eine Silbermine oberhalb von Leadville und kam dann später nach Denver, um mit seiner Skandalzeitung zu spielen. Anna B. verbringt ihre Zeit damit, Theater zu bauen, Kunstmuseen auszurüsten und Artikel für ihre Zeitung zu schreiben. Sie kümmert sich um den Familienruhm, damit er mit dem Familienvermögen gleichzieht.«

»Muss einigermaßen peinlich sein, wenn ein Kind auf der Straße lebt.« Sie setzten sich in Bewegung.

»Extrem peinlich. Ich habe das Ende ihres Besuchs mitgekriegt. ›Undankbares Balg‹ war noch der netteste Teil. Sie nannte ihn einen gewöhnlichen Dieb und er schoss zurück: ›Muss wohl im Blut liegen.‹ Er ist davongestampft wie eben ein Kind. Und sie will ihn in Jugendhaft setzen lassen. Sie sagt, dass er immer noch mit Drogen rummacht.«

»Jugendknast«, grollte Backer. »War da mal – vor vielen,

vielen Meilen. Egal in welchem Staat – vermeide diese edle Halle, wann immer es geht.«

Niklhas' Augen suchten Backers im Rückspiegel. »Nimmt er das Zeug?«

»Man kommt leicht an Stoff. Die Leute werden gerissener.« Clint schaute zurück in den Spiegel. »Aber ich denke nicht, dass Darcey schon drin ist.«

Der Bus nahm eine gefährliche Kurve.

»Er hat aufbereitetes Kokain geraucht«, gab Backer zu.

»Nun, jetzt hat er sich oben im FishHouse-Badezimmer eingeschlossen und will weder reden noch rauskommen.«

Niklhas blickte über die Schulter. »Ich denke, dass er mit dir reden wird.«

»Warum hast du die Tür nicht eingetreten?«

»Können wir immer noch, Doktor Spock. Nein, fast alle sind beim Treffen in der Stadt heute Abend. Ich habe nur Dawn bei ihm, während ich meine Zeit damit vergeude, die Straßen nach Motorrad-Freaks abzusuchen.«

»Glaubst du, dass er Dummheiten macht?«

Wieder schwebte Colts Gesicht an die Oberfläche seiner Gedanken.

Tod ist keine große Sache ...

Niklhas marterte den Motor.

Abgesehen von einem trüben Leuchten im oberen Badezimmerfenster waren die Lichter erloschen an der Hausfront, als der Bus kreischend anhielt.

»Das Kind ist da noch drin.« Niklhas ließ den Türöffner krachen und stieß die Wagentür auf.

Backer war schon auf dem Pflaster, die Hand am Knauf.

Dann hielt er inne und ging zum Bus zurück.

»Fangen wir so an ...«, begann er.

Dieses Zögern rettete ihn, als das FishHouse explodierte. Die Druckwelle schleuderte ihn gegen das große Vorderrad des Busses.

Niklhas schrie und zerrte an der verzogenen FishHouse-Tür. Seine Worte gingen im Gebrüll des züngelnden Flammenmeeres unter, das aus jedem Fenster und jedem Riss des FishHouse leckte.

»Zur Seite!« Backer warf sich Niklhas entgegen und die Männer fielen rücklings, als auch schon ein rauchender Stapel von Holz und Ziegeln von oben auf das Pflaster stürzte.

»Dawn ...«, stieß Niklhas durch seine aufgeplatzte Lippe hervor und kämpfte sich wieder hoch.

Eine weitere Explosion – und die Wände des FishHouse wölbten sich ächzend nach außen.

»Der Gasboiler muss explodiert sein!«, rief Backer.

Wieder riss Niklhas an der Tür. Doch die innere Decke war eingestürzt und Schutt blockierte den Eingang. Hinter den herabgestürzten Balken konnte Backer sehen, dass das in Rauch eingehüllte Treppenhaus bereits in Flammen stand.

»Feuertreppe ...«

Backer kämpfte sich an den Mülleimern vorbei durch den engen Gang zwischen dem lodernden FishHouse und der angrenzenden Buchhandlung. Er rannte nach hinten ins Gebäude und schwang sich auf die alte eiserne Feuertreppe, Niklhas auf seinen Fersen. Die beiden rasselten die Sprossen hinauf zum Balkon im oberen Stock.

Mit einem neuen Getöse sprang ein Eisenträger der Feuertreppe aus der sich auflösenden Wand, schwang und knallte zurück auf das Gebäude. Die Männer purzelten zurück in den Gang.

Backer hustete sich den Qualm aus den Lungen und kämpfte sich wieder auf die Beine. Er sah Niklhas in den Trümmern reglos ausgestreckt daliegen.

Das schmale Badezimmerfenster zersplitterte – und eine kleine Gestalt warf sich kopfüber hinaus. Von Feuerranken eingehüllt plumpste sie in einen Haufen Schutt.

Backer zog den hysterischen Jungen aus dem Geröll und stellte fest, dass sein Gesicht von einem halben Dutzend Glasschnitten zerschlitzt war. Es lag ein irrer Blick in seinen Augen.

»Keine Verbrennungen?«, fragte Backer und schüttelte das Kind.

»N-nein!«

»Wo ist Dawn?«

Seine blauen Augen wurden klar. »Da drin war nur ich, Clint. Ich war gerade high und dann wollte ich dahin gehen, wo wir ... irgendwohin und die Sache zu Ende bringen. Hab Dawn gesagt, sie soll Leine ziehen oder ich setz mir gleich die Überdosis. Da ist sie abgehauen. Das Haus war dunkel. Tut mir leid um ...«

»Dawn macht nie Licht an!«

Der Schrei einer Frau. Oben, über dem zerbrochenen kleinen Badezimmerfenster, um das der Rauch wogte.

»Nein«, sagte Darcey, »das wollte ich nicht ...«

»Clint, hilf mir! Hilf mir ...«, schrie Dawn. Ein Holzträger krachte auf den Bürgersteig und übertönte ihren Schrei.

Backer musterte das Gebäude von oben bis unten und suchte einen Weg hinein.

Der Geruch von Rauch und das Zischen des Feuers biss sich in sein Gemüt. Er fühlte, wie die Narben in seinem Gesicht sich verknoteten und dann als ein Gewirr von zerstörten Nerven und Muskeln anschwollen. Er erinnerte sich an den blauweißen Feuerball, der damals seinen Arm hinaufgewandert war und sein Gesicht gefressen hatte.

Dawn!

Hilf mir, flüsterte er. Zeig mir, was ich tun muss.

Er ließ den stammelnden Jungen zurück, ging über den Unrat hinweg und brach durch die Hintertür der Buchhandlung.

Kelley knallte gerade den Hörer auf die Gabel. »Hab die

Feuerwehr gerufen!«, schrie er und wandte sich zum Vorderausgang. »Nichts wie ...«

Eine Faust packte seinen Arm und zerrte ihn halb herum.

»Die Treppe?«, forschte Backer und hörte in der Ferne schon das Klagen der Sirenen.

Kelley zeigte hin und lief dann zur Tür.

Backer nahm drei der alten Holzstufen auf einmal, vorbei an den Wohnräumen des Obergeschosses, hinauf auf den kleinen Dachboden. Stapel alter Zeitschriften kippten zur Seite, als er sich zum kleinen Gaubenfenster vorarbeitete. Er trat die Scheibe ein, ergriff die Fensterbank und lehnte sich hinaus.

Er starrte hinab auf die im Todeskampf bebenden Wände des FishHouse. Die beiden unteren Stockwerke brannten wie der Höllengrund.

Flammen züngelten aus Teilen des Daches, doch da ...!

Eine Dachgaube wie diese: ein kleines Flügelfenster unter dem spitzen Dacherker, am hiesigen Ende des FishHouse. Es gab den Blick frei auf einen modrigen Dachboden, wo sich alte Lampen und Schreibtische aufstapelten, um irgendwann repariert zu werden. Gestern noch hatten Backer und Darcey einen alten Fernseher dort hinaufgezerrt und unter die Dachrinne geschoben.

Es brannte dort nicht ... noch nicht.

Clint quetschte sich durch die Fensteröffnung, in beinahe drei Stockwerken Höhe.

Das FishHouse-Fenster war vier Meter entfernt, genau gegenüber.

Furcht griff nach ihm, als die Erinnerung an den Geruch des eigenen schmorenden Fleisches sein Gehirn lähmte.

Er sprang.

Die Finger seiner rechten Hand stießen durch das Glas, als er gegen die Wand des FishHouse prallte. Die Wand war heiß, doch die Extrakraft in seiner verbrannten Hand hielt aus.

Er schwang seine linke Hand hinauf, wühlte sich durch die Glasscherben und griff zu. Doch die schwächere linke Hand konnte sich nicht festhalten und er glitt das Dach entlang, genau über die Flammen. Seine rechten Finger schnellten hoch, krallten dann zu und zogen ihn hinauf in den schmalen Dachboden. Rauch verdunkelte den engen Ort. Er stürzte auf den Boden und kroch unter dem Qualm her.

Endlich erreichte er den Treppenaufgang, rutschte die Stufen hinunter und kam am hinteren Flurende im Obergeschoss auf seine Füße. Die Wände auf beiden Seiten brannten.

Er spähte durch den Flammentunnel und erkannte ganz hinten Dawn, die sich gegen die Wand lehnte mit den Händen vorm Gesicht.

Er rief sie und sie schrie und stolperte vorwärts. Sie taumelte gegen einen gesplitterten Balken und verschwand.

Feuerschein wie brennende Fackeln umgab ihn, als er sich den Weg durch den Rauch erzwang.

Er tastete sich voran und fand schließlich das benommene Mädchen, deren weite Hosenaufschläge bereits schwelten.

Backer schlug nach ihren Jeans und zog Dawn auf ihre Füße. Sie schlang ihre Arme wild um ihn. Zusammen taumelten sie durch den Korridor und wichen den Flammen und den herabstürzenden Balken aus. Ein großes Deckenstück traf den Boden am Dachbodenaufgang. Der hölzerne Türrahmen verschwand innerhalb von Sekunden. Backer wich zurück und führte das Mädchen zum Treppenabgang. Er existierte nicht mehr.

Sie jammerte vor Schmerzen, als Backer sie an den Fingern zog. Clint drängte Dawn zurück in den Feuertunnel und zielte auf die Badezimmertür.

Eine Flammensäule schoss empor und nahm die Badezimmertür und die gesamte Seite des Flures mit sich. Rechts neben dem Badezimmer gab es noch einen kleinen Schlafraum. Backer trat seinen Stiefel in die Blasen des Türlacks. Die Tür sprang auf zu einem Raum, der in einem Feuersee ertrank.

Doch am äußersten Ende war ein Fenster, eingerahmt von brennenden Gardinen ... und ein schmales Stück Fußboden, das noch nicht verschlungen worden war.

Er spurtete mit dem Mädchen los. Dawn schrie, als der Boden unter ihnen hinwegbrach. Sie rutschte in ein Loch und zog Backer hinter sich her.

Als er durch das Loch fiel, schwang sein Stiefel aus und hakte sich verzweifelt an dem eisernen Bettgestell fest. Das brennende Bett rutschte einen Meter, bevor es sich mit einer alten Bücherkiste verkeilte. Mit der Stiefelspitze klemmte er sich hinter eine Bettgestellstange. So brachte sein Fuß den Sturz zum Stillstand. Er hing kopfüber an seiner Stiefelspitze, baumelte durch das Loch im Boden und hielt verzweifelt Dawns Ellenbogen fest.

Das Mädchen kreischte, als sie mit ihren Füßen genau über dem geschmolzenen See schwebte, der früher das Wohnzimmer des Fish-House war.

Er ignorierte ihr Schreien und versuchte, sein Bein anzuziehen.

Zwecklos. Der Bettrahmen wackelte und Backer

rutschte ein Stück vorwärts, wobei er beinahe das Mädchen verlor.

»Clint!«

Sein Stiefel bohrte sich ein. Zentimeter um Zentimeter zog er voller Schmerzen sich und das Mädchen zurück in das obere Schlafzimmer.

Clint schaffte es schließlich auf die Füße und zog Dawn hinter sich.

Nichts war mehr übrig vom Raum.

Doch durch die Feuersbrunst erwischte er einen kurzen Blick auf die grelle Straßenlaterne unter dem Fenster.

Er schützte Dawn mit seinem Körper so gut er konnte und stürzte sie beide in den Glutofen – durch die Hitze – zum gläsernen Rechteck der Nacht, das von Flammen eingehüllt war.

Unter ihnen sah Backer den Feuerwehr-Truck mit seiner für den Bezirk Denver typischen weißen Karosserie auf das Pflaster rollen.

Weiter links war der Schutthaufen, in den Darcey geplumpst war. Der Junge war fort, aber Niklhas war da und gestikulierte mit den Feuerwehrleuten, die sich aus dem Truck ergossen.

Wirst du jemals aufhören, Anweisungen zu geben?, wollte er rufen, als die Decke sich auflöste und der alte Fernseher hindurchfiel. Er schlug auf den Boden neben ihnen auf, implodierte und kippte dann in die Flammenhölle unter ihnen.

Der Boden knarrte und ächzte und gähnte nun offen vor ihnen.

Clint trat das Fensterglas weg, nahm das Mädchen in seine Arme, drückte seine Lippen auf ihren kupferbraunen Scheitel und schwang sie, mit der letzten Kraft in Arm und Rücken durch das Fenster auf den Schutthaufen.

Der Turm

Backer sah, wie Niklhas auf Dawn zurannte, die Arme ausgestreckt, um ihren Fall zu bremsen. Er sah, wie sie zusammenprallten und wie das Paar in die Trümmer einsank.

Er achtete darauf, dass beide ausreichend nach rechts ausgewichen waren, bevor er sprang – gerade als die Decke um ihn herum einbrach.

Er fühlte den extremen Schmerz in seinen Beinen, als er landete, aber nach einer Rolle stand er auf den Füßen. »Gott segne Kung-Fu.«

Er war noch in einem Stück.

Er schaute sich um und sah, wie sich Dawn an Niklhas schmiegte.

»Kannst du«, fragte Niklhas über ihren zitternden Kopf hinweg, »ihn finden?«

Backer wusste, wo Darcey zu finden war.

Er rannte durch die dämmrigen Straßen zur Werkstatt, kickte sein Motorrad an und steuerte durch den Abendverkehr hinunter zur 16. Straße, am gelben Würfel des May-Company-Kaufhauses vorbei. Er ließ das Paramount-Theater hinter sich, drehte dann nach rechts, donnerte auf den Bürgersteig neben dem eisig-weißen Turm mit dem verglasten Außenaufzug.

Er stürzte hinein zu den Aufzugtüren, schlug auf den Knopf. Die Türen glitten auseinander ... Genauso hatte er sich das gedacht. Das Kind hatte die Steuerung immer noch im Griff – und war doch selbst wie ferngesteuert. Oder vielleicht war einfach noch nicht abgeschlossen worden. Wenn da oben noch andere wären, würde sich der Junge vielleicht nichts ...

Doch Darcey war allein auf dem Dach, als Backer den Aufgang emporschritt. Sein magerer Körper hing schief im Zaungeflecht, während er nach unten starrte in die blau-schattigen Straßen.

Das Knirschen eines Stiefels auf dem Kies veranlasste Darcey, auf die Zaunkante zu steigen. Er balancierte unsicher auf dieser schwankenden Reling.

Backer kam langsam näher und stemmte seine Hände in die Hüfttaschen.

»Würzige Luft hier oben, Darce. Schmeckt schon nach Sommer.«

Das gehetzte Gesicht des Jungen schaute nach unten. »Schmeckt auch nach Blut ... Hab ich Dawn umgebracht?«

»Sie ist nur verschreckt ... und ein wenig an den Kanten angekokelt. Nichts, was man nicht durch einen Besuch in der Jeans-Abteilung der May Company und ein wenig Schlaf wieder in Ordnung bringen kann.«

»Und Niklhas? Ich hab sie doch auf ihn prallen gesehen.«

»Könnte höchstens etwas gereizt sein, denk ich. Seine goldene Haut kannst du wohl nicht mal mit 'nem Schweißbrenner versengen ... Aber *du* – du wirkst aufgedreht wie ein aufgewickelter Jojo ... und genauso stabil.«

Darcey schaukelte auf dem Maschendraht. »›Top of the world, Ma!‹ ... wie Jimmy Cagney schon bemerkte.«

»Ich hab den Streifen gesehen. Wie er das sagte und dann den Abgang machte und starb. Ich hab nur das Gefühl, dass in seinem Gedankengang irgendwo ein Fehler steckte.«

Darcey drehte sich weg und schaute über die Stadt. Sein langes blondes Haar schlug ihm ins Gesicht.

»Ich bin selbst auch gereizt, Darce.« Backer schlich sich näher.

Der Junge schluckte. »Kann ich mir gut vorstellen.«

»Aber darüber komme ich hinweg.« Backer zuckte für sich mit den Schultern. Er ging zum Zaun und hielt ihn fest.

»Doch wenn du hier runtergehst mit dem Ziel, dich für immer zu Brei zu machen, das werde ich nicht verkraften.« Er schielte auf den wankenden Jungen neben ihm. »Tatsache ist, dass ich dann irgendwie durch und durch stinksauer sein werde.«

»Ich hab Dawns Leben beinahe verschwendet«, rief Darcey und schwankte noch mehr. »Und dich habe ich auch beinahe abgefackelt.«

»Verschwendung ist übel«, stimmte Backer zu. »Der pflichtbewusste Bürger fordert Umweltschutz und entsorgt seine Aschenbecher durchs Autofenster.«

Schweigen.

»Mein Bruder Colt hat sich nämlich selbst entsorgt, weißt du.«

»Was?« Der Wind steigerte sich und Darceys Fuß rutschte ab. Wankend gewann er sein Gleichgewicht zurück.

»Er hatte solche Angst – Angst zu versagen, Angst vorm Tod – dass er anfing, sich einzureden, dass der Tod nichts wäre. Und eines Abends, als er auf der Spitze der Welt stand, kam der Tod und stürzte ihn hinunter.«

Backer schaute hinab auf die Stadt. »Hat ihn in Stücke zerlegt ... Ich hab die Stücke gesehen.«

Darcey schluckte.

»Und alles, was ich für Colt hoffen kann, ist, dass das Nichts das Schlimmste ist, das er gefunden hat ... nachdem ...«

Langsam, so ganz langsam reichte Backers Arm hoch, um das Bein des Jungen zu stabilisieren.

Sofort versteifte sich Darcey, bereit zu springen, bevor man ihn zurückzog.

Doch Backer stand nur da und stützte den Jungen mit dem Arm gegen den Wind.

»Es war einmal ein Mann ... Lange Zeit dachte ich, dass es nur eine Legende gewesen sei, wie Robin Hood. Doch es ist wahr ... Er hat uns gezeigt, dass der Tod auch wahr ist und dass der Tod ein hungriger Geselle ist. Er stand auf gegen

den Appetit des Todes und er hat ihm seine Reißzähne gezogen.«

Der Rider ließ den Jungen los und ging zum Treppenschacht.

»Ich glaube nicht, dass der Tod nichts ist. Ich finde, dass er ein schwarzer Fresser in unseren Herzen und Gedanken ist und er frisst und hört nicht auf zu fressen ... ununterbrochen. Außer ... außer du nimmst Christus als deinen Ausweg. Er ist die eine Wirklichkeit, die dich aus dem Nichts befreien kann.«

Darcey taumelte auf dem Geländer. »Ich hab dich in einen grinsenden Freak verwandelt. Ich habe beinahe deine musische Freundin umgebracht. Dein Bruder hat Selbstmord begangen. Wie kommst du damit klar? Wie kannst du deinen Glauben aufrechterhalten?«

Für einen langen Augenblick waren nur der heulende Wind und der Verkehrslärm weit unten zu hören.

»Ich kann es nicht«, sagte Backer schließlich. »Er selbst hält mich aufrecht.«

Darcey begann, das Gleichgewicht zu verlieren. Er taumelte über dem Abgrund.

»Wie kann er mit einem Totalschaden wie mir klarkommen?«

»Mit Totalschäden kommt er vielleicht am besten klar.« Backer zuckte mit den Schultern. »Leider zu spät für Colt.« Die Worte verbrannten seine Kehle, als er sie aussprach. »Aber *du* hast noch die Möglichkeit.«

Er öffnete die Tür des Treppenabgangs. »Zumindest noch ein oder zwei Minuten lang.«

»Du willst nicht versuchen, mich zu retten?«

»Kind, ich kann niemanden retten.« Er ging durch die Tür und seine Stimme klang noch zurück. »Aber *Jesus* wird sich um dich kümmern!«

»Ich ... ich will noch eine Chance haben. Ich will ...«

Backer war schon da, um ihn zu halten und ihn auf den Boden zu stellen.

Er wurde vom Arm des Bikers hochgehoben und zum Treppenabgang getragen. Darcey bildete sich ein, dass er jemanden flüstern hörte: »Noch eine Chance ...«

Und Clint grollend antworten: »Dieses Mal ja.«

Aber er war mit den Nerven fertig und war sich später nie ganz sicher, was er wirklich gehört hatte.

Der Campus

In der warmen Morgenluft standen Backer und Niklhas auf dem Gehsteig und begutachteten die Reste des Fish-House und die Überbleibsel des ausgebrannten Wohnblocks.

»Hätte schlimmer kommen können«, behauptete Niklhas.

»Wie denn?«, fragte Backer und trat zur Seite, als Chavez eine weitere Kiste schwarzen Schutts auf die Straße entleerte.

In den folgenden Stunden bargen die Flüchtlinge des Fish-House so viel sie konnten, während Niklhas die Telefondrähte glühen ließ und dank seiner Beziehungen die Mitglieder der Gemeinschaft an verschiedenen Orten provisorisch unterbrachte.

»Wir bauen es wieder auf«, sagte Backer und trat ein Buch zur Seite, das zu schwarz war, um es noch zu entziffern.

»Wir werden was Besseres machen.« Niklhas schüttelte sein vollkommen geformtes Haupt. »Aber nicht mehr hier, vermute ich ... und nicht jetzt sofort ... Und nicht mit dir.«

»Was?«

»Du hast morgen deine Prüfung, schon vergessen?«

»Ohne Darcey komme ich mir komisch dabei vor, die Leute zu Begeisterungsstürmen hinreißen zu wollen. Ich habe mich an das kleine Wiesel gewöhnt.«

Doch es beruhigte ihn, obwohl Darcey in der Jugendstrafanstalt saß, dass bereits Kräfte mobilisiert waren, um ihn freizubekommen. Niklhas hatte immer noch Saft in den Knochen. Wie durch ein Wunder war niemand verletzt worden. Und in dem Jungen hatte sich irgendetwas verändert, ernsthaft und offensichtlich.

»Er hat einen langen und schweren Weg vor sich«, resümierte Niklhas. »Und er wird diese Woche achtzehn. Wenn nur seine alte Dame ihm ein wenig den Rücken stärken könnte ...«

»Wenn Mama die ›Schlossallee‹ besitzt, was hat dann Darcey auf dem Feld ›Gehen Sie ins Gefängnis! Gehen Sie nicht über Los!‹ zu suchen?«, fragte Backer. Er hatte inzwischen seine Ausrüstung auf der Harley verzurrt, saß auf und schaute zurück zum FishHouse, vielleicht zum letzten Mal.

Niklhas zuckte mit seinen breiten Schultern.

»Der Familien-Adler ist ins Trudeln geraten. Als ihr ältester Junge im Leichensack aus Vietnam zurückflog, schoben sich die Eltern gegenseitig die Schuld zu. Dad hat sich zu den Saudis verdrückt. Mama hat sich mit aller Kraft an Darcey festgekrallt, dem Familienrebell. Und Darcey hat sich natürlich aus dem Schwitzkasten losgerissen.«

»Vielleicht kann man mit Anna Beaucage Alexander reden.« Backer warf seinen Hocker an.

»Wir? Als Ex-Bulle und Ex-Biker?«

»Biker bin ich immer noch.«

Niklhas schnaubte: »Davon bemerke ich erfreulich wenig.« Er klatschte auf den Rucksack, der über dem hinteren Ende des Motorrads festgebunden war. »Mach dich bereit, höher aufzusteigen. – Gott wird uns zeigen, was wir mit Darcey anfangen werden. Unsere beste Karte ist im Moment ein bisschen Vitamin B, das ich beim Bewährungsbeamten habe. Der hat gesehen, wie ich früher Kaninchen aus dem Zylinder gezogen habe.«

»Und das FishHouse?«, rief Backer, als er schon vorwärtsrollte.

»Wir haben schon viel von der Auferstehung gesehen«, grinste Niklhas und bleckte seine blendend weißen Zähne, während Backer schon Gas gab und hinaufschoss nach Colfax.

• • •

Er bestand die Allgemeine Zulassungsprüfung. Noch am selben Tag begann er, sich in Kobols Hütte auf den Stoff der College-Klasse vorzubereiten. Doch das Schrillen des Telefons zerriss seine angespannte Konzentration.

»Für dich.« Kobol warf ihm den Hörer zu.

Flink wie ein Panther fing Backer ihn auf. »Sag ihnen«, flüsterte Backer, eine Hand auf dem Hörer und seine zerklüftete Nase im Buch, »ich sei entrückt worden … oder erschossen. Irgend so was. Lass mich nur in Ruhe büffeln, bitte.«

»Ich bitte inständig um Gnade«, japste Kobol mit offen stehendem Mund, in dem sein Goldzahn deutlich leuchtete. »Nicht nur soll ich als guter Christ lügen. Wir reden ja gar nicht davon, dass du solche Ausflüchte von *mir* verlangst, dem Inhaber des vollkommensten Körpers, den Gott je geschaffen hat. Du verlangst auch noch, dass ich diese Märchen Anna B. Alexander höchstpersönlich auftische.«

Backer hielt immer noch den Hörer zu, als er seine wulstigen Augenbrauen hochzog. »Die Zeitungs-Königin persönlich?«

Kobol schniefte. »Kommt die Herrin der Rocky Mountains zum Abendbrot? Soll ich ihr den Ehrenplatz am Tisch reservieren?«

Mrs. Alexander sprach kurz und deutlich: Ihr Sohn Darcey war achtzehn geworden. Ihr Sohn Darcey hatte sich irgendwie verändert. Ihr Sohn Darcey wollte sich an der Colorado-Universität immatrikulieren.

Backers Lippen zuckten. »Ist das möglich? Er ist doch …«

»Da haben Sie keinen Einfluss drauf, nicht wahr, Mister Backer? Was zählt, ist nicht, wer mein Sohn ist oder nicht ist. Was zählt, ist, wer *ich* bin. Wenn ich grünes Licht gebe, gibt auch der Bewährungsbeamte grünes Licht. Wenn ich ein paar Freunde anrufe, bringt die Schulbehörde alles ins Lot. Seine wissenschaftlichen Eignungstests – bevor er auskniff – waren unter den besten zwei Prozent.«

»Worauf warten Sie dann noch, Lady?«

»Ich lasse mich nicht ein weiteres Mal zum Narren machen. Darcey hat unseren Namen in den Schmutz gezogen ... Den Namen Beaucage. Während seiner pubertären Kriegstänze hat er ziemlich viele Menschen verletzt ... Menschen von Format.«

Eine Pause am Telefon.

»Sie inbegriffen, Mrs. Alexander?«

»*Sie* inbegriffen, Mr. Backer. Ich weiß, dass er Sie entstellt hat.«

»Ich war schon nicht allzu gut aussehend, als ich damals unterwegs war. Darcey und ich, wir ... wir sind Freunde.«

»Das ... ist es, was ich nicht verstehe. Darüber möchte ich mit Ihnen sprechen.«

»Mein Terminkalender ist sehr voll, Mrs. Alexander.«

Ein tiefes Lachen am anderen Ende. »Meiner ist voller, denke ich. Aber wenn Sie eine Empfehlung brauchen, dann wenden Sie sich doch an Professor Ter Horst!«

»Ter Horst?« Doch schon hatte er einen stummen Hörer in der Hand.

• • •

Ter Horst watschelte über den Asphalt hinter dem Verwaltungsgebäude und erläuterte: »Als ihr ältester Sohn starb und ihr Ehemann sie verließ, ist sie in Stücke zerbrochen. Aber sie bewahrt diese Stücke auf ... und zwar auf noblem Niveau.« Er nickte Backer zu. »Sehr nobel sogar – im Vorstand ihrer noch nobleren Kirche, wie ich mich erinnere.«

»Dann ist sie also ...«, fragte Backer stockend, »ich meine ... gläubig?«

Ter Horst seufzte. »Wenn man die Bekehrung ernst nimmt, die wir vor zwanzig Jahren als Schüler erlebt haben, dann ja ... damals jedenfalls. Doch Antworten fallen leicht, solange man die Fragen noch nicht kennt.«

Sie kamen an einem abgewetzten VW Käfer vorbei. Ein

kurzbeiniges Mädchen beugte sich unter die hintere Motorhaube, während ein bulliger junger Mann in bedruckter Sportjacke ihr über die Schulter schaute.

»Es liegt nicht am Magnetschalter, Gary«, erklang ihre gedämpfte Stimme unter der Motorhaube her.

Etwas in der Stimme ließ Backer erstarren und anhalten.

»Ich wette, du erkennst noch nicht einmal einen Magnetschalter, wenn man ihn dir persönlich vorstellt.« Ihr Kopf schnellte hoch und schüttelte den kastanienfarbenen Pony aus dem Gesicht.

»Es ist der Magnetschalter«, beharrte die Sportjacke mit verschränkten Armen. »Das kleine Ding dort. Und das tauscht uns heute Abend keiner mehr aus. Du kommst wohl besser mit mir zurück.«

»Das hast du doch schon mal gesagt.« Dann erblickte sie Ter Horst. »Professor! Können Sie einen Käfer reparieren?«

Ter Horst pflügte seine dicken Finger durch die Haare. »So schockierend diese Wahrheit für Sie sein wird, liebe Lynne: Ich weiß in Wirklichkeit nicht alles ... nur gut zwei Drittel.«

»Dann muss ich wohl unterstellen«, lachte sie, »dass Mechanik im dunklen Bereich des letzten Drittels liegt?«

»Wenn Sie, die Sie Ihr letztes Semester absolvieren, immer noch nicht begriffen haben, dass es mein Prinzip ist, niemals etwas zu unterstellen, dann war ich offensichtlich kein erfolgreicher Mentor.«

Ihr Lächeln verdunkelte sich kurz. »So wird es sein ... mein letztes Semester. Aber Sie waren ja immer ein erfolgreicher Mentor. Das haben Sie mir jedenfalls versichert.«

»Und ich versichere Ihnen, dass mein stattlicher Begleiter Ihr Fahrzeug gewiss so schnell ins Leben zurückholen kann, dass selbst Lazarus gestaunt hätte.« Er schubste Backer zum Auto hin.

Der Junge stellte sich in den Weg. »Es liegt am Magnetschalter.«

»Klar ... Entschuldige mich.« Backer tauchte unter die Haube und ließ seine Finger tanzen. Nach dreißig Sekunden richtete er sich auf.

»Versuch mal anzulassen.«

Der VW sprang an.

Sie streckte den Kopf aus dem Fenster. »Hat jemand dem Wagen die Hände aufgelegt?«

»War nur ein Verteilerkabel lose.« Clints Stimme klang verkrampft genug für Ter Horst – der sich gerne mal in ein hübsches Gesicht vertiefte –, um vom Mädchen weg auf den Rider zu schauen.

»Führen Sie immer dressierte Affen mit sich, Prof«, fragte die Buchstabenjacke, »um kleine Mädchen zu beeindrucken?«

»Manchmal hat er sogar seinen Leierkastenmann dabei.« Damit knallte Backer die Haube zu.

»Wie wär's mit einem Magnetschalter zur Anschauung?«, kicherte das Mädchen.

»Genau genommen war es der Vergaser, auf den du gezeigt hast.«

»Witzig, witzig, Mann.« Der Junge stierte Backer finster an. »Bist du der neue Parkplatz-Anweiser?«

Bevor der Rider etwas erwidern konnte, sagte das Mädchen: »Danke für den Versuch, Gary. Ich komm jetzt klar. Wir treffen uns später, einverstanden?«

»Klar ... klar. Vielleicht treff ich *dich* auch mal später.« Er klopfte auf Backers Brust. »Wenn ich rausfinde, in welcher Werkstatt du dich herumlümmelst.«

»Du kannst ihn morgen in meiner Vorlesung um neun finden«, informierte ihn Ter Horst. »Wenn du es schaffst, da reinzukommen.«

»Dieser ... alte Knacker ist ein Student?«

»Solange ich meine Treter noch durch die Tür zwängen kann, Kleiner.« Backer schaute immer noch das Mädchen in ihrem VW an.

Fluchend entfernte sich der Junge.

»Schon wieder zu spät.« Ter Horst nahm Fahrt auf nach Steuerbord.

»Sind Sie das nicht immer?«

»Für gewöhnlich wird der Produktive in Beschlag genommen.« Er stapfte über den Parkplatz davon. »Der Untätige hat wenig, was ihn an seiner Pünktlichkeit hindert – und an seinen Vorurteilen.«

Sie sahen ihm noch nach, diesem leicht verruchten alternden Löwen.

»Du bist einer seiner Speziellen, nicht wahr?«

»Er war ... sehr speziell zu mir.«

»Und du bist auch Christ, nicht wahr?«

Seine rötlichen Augen starrten in ihre grünen. »Ja.«

»Man sieht das irgendwie in deinen Augen.«

»Bei dir auch.«

»Leider tue ich in diesen Tagen nicht viel für Gott«, seufzte sie. »Manchmal frage ich mich, wozu ich überhaupt nütze bin. Nach 22 Jahren ...«

»... studierst du Biologie als Hauptfach.«

Sie war überrascht. »Kennen wir uns?«

»Wir hatten mal ... ein Streitgespräch über den Sinn des Lebens. Eine irgendwie ... tiefsinnige Unterhaltung.«

Plötzlich schrak sie quietschend auf: »Schau auf die Uhr! Der Prof ist nicht das einzige wichtige Tier. Wenn ich meinen Arzttermin schon wieder verpasse, wird er ... Vielleicht sehe ich dich ja mal wieder.«

»Vielleicht«, sagte Backer zu dem Mädchen, das er nicht mehr gesehen hatte seit jenem Morgen in der Schlucht, als sich ihr kleiner grüner Käfer den Berg hinaufquälte.

»Man weiß nie, wen man wiedersieht. Man weiß es einfach nie.«

• • •

Das Domizil der Alexander in Denver hinter dem Colorado Boulevard war ein dreigeschossiges Gebäude im angedeuteten Kolonialstil.

Ein älterer Butler geleitete Backer ins Arbeitszimmer. Anna Alexander saß an ihrem Schreibtisch und beugte sich dort über einige Lithografien. Die Tiffany-Lampe über ihr warf harte Schatten auf ihr kantiges Gesicht. Hinter ihr krönte ein Bronzereiter von Remington eine riesige Ebenholzkommode.

Die Frau war das Ebenbild des jungen Darcey, nur dreißig Jahre älter: ein pferdeähnlich langes Gesicht, gehetzte blaue Augen, zurückgekämmtes aschblondes Haar, das an den hohen Schläfen bereits angraute.

»Nehmen Sie doch Platz, Mr. Backer.« Damit wandte sie sich wieder ihrem Kunstdruck zu.

»Schick eingerichtet, Mrs. Alexander.« Backer streifte seine Jacke ab, zog sich einen roten Samtsessel zurecht und lehnte sich zurück.

Er zog eine Augenbraue empor. »Schnieke Cowboy-Sammlung.«

Ihr Kopf schnellte hoch.

»Russells und Remingtons in der Hauptsache. Da Sie vermutlich nicht häufig Gelegenheit haben werden, sie hier zu sehen, werde ich Ihnen durch meine Sekretärin die Zeiten schicken, wann sie im Denver-Museum ausgestellt sein werden.«

Backer kippte seinen Sessel zurück und balancierte auf den Zehenspitzen.

»Ehrlich gesagt mag ich die gegenständliche alte westamerikanische Malerei nicht besonders. Dieses gewalttätige Macho-Zeug! Um das Streben des neunzehnten Jahrhunderts nach der Verbindung unserer Geisteskraft mit der elementaren Macht der Natur auszudrücken, sind Turner und Constable meiner Meinung nach eher ihr Geld wert. Sie sind zwar ebenso selbstherrlich, so finde ich, aber viel vorsich-

tiger gegenüber dem, was ein Freund von mir den ›Mythos der Selbsterlösung‹ nennt.«

In der Nähe stand ein messingbeschlagener Fußhocker, den sich Backer angelte und unter seine Stiefel schob. »Finden Sie nicht auch?«

Harte blaue Augen fixierten ihn perplex.

»Darf ich Ihnen einen Kognak anbieten, Mister Backer? Oder bevorzugen Sie ein frisches Coors?«

»Schwarzer Kaffee wäre edel.« Backer kippte den Sessel noch ein bisschen weiter zurück. »Am besten eine ganze Wanne voll. Es war eine lange Fahrt, um Ihrer ... *Vorladung* ... Folge zu leisten.«

»Mister Backer ...« Die große Frau schob ihren Stuhl vom Schreibtisch zurück. »Obwohl ich Ihren Versuch, Russell mit Turner zu vergleichen, als ungeheuerliche Flause betrachte, legt mir dies doch ein oder zwei Gedanken nahe ...«

Sie schwiegen, als die Getränke gebracht wurden.

All das ist nur eine andere Form von Hahnentanz, erkannte Backer, als sie ihre Erfrischungen zu sich nahmen. Er hatte ihn unzählige Male in anderen Arenen aufgeführt. Anderer Text, gleiche Melodie.

Anna Beaucage Alexanders stahlblaue Augen musterten Backer lange über ihren Brillenrand.

»Entweder«, sinnierte sie, »haben Sie sich einige Mühe gemacht, Ihr Zartgefühl unter Muskel- und Leder-Schichten zu verbergen, oder Sie haben Hausaufgaben gemacht. Sie haben, wie ich mutmaße, kürzlich ein Kunstmuseum besucht ... vielleicht sogar eine Bücherei?«

Backer gluckste und lehnte seinen Kopf gegen die Lehne des Samtsessels. »Dawn ... sie ist eine ... eine gute Freundin. Sie spricht mit mir öfters über Kunst.«

Noch ein scharfer Blick. »Sie geben Ihren einzigen Vorteil – ihr Geheimnis – ziemlich leichtsinnig preis. Dennoch bewundere ich den Aufwand, mit dem Sie sich vorbereitet haben. Sind Sie selbst auf die Idee gekommen oder war es Ter Horst? Und haben Sie eigentlich irgendetwas von dem verstanden, was Sie vorhin sagten?«

»Von jedermann kann ich lernen, Mrs. Alexander. Ich lerne auch von Ihnen! Aber meine Gedanken und Ansichten wachsen auf meinem eigenen Mist. Wir waren ein paar Mal in Ihrem hiesigen Museum. Ich finde es großartig. Aber ich mag Russell und Remington nicht. Dafür mag ich Turner und Constable.«

Backer rutschte tief in seinen Sessel und stellte seine Tasse ab. »Und diese Typen wie David und Ingres, die Klassizisten, die vor ihnen da waren ... Sie bewunderten Ehre und Manneszucht. Da kann ich ihnen nicht dreinreden. Schade nur, dass sie sich mit den Impressionisten bekriegen mussten, nur weil ... tja, weil sie später kamen.«

Er lächelte, dass sich sein Narbengewebe beinahe verknotete zu einem überzogenen Grinsen. »Meine Bekannte und ich – wir reden wirklich miteinander, wie Sie sehen.«

Alexander stand auf und schaute aus dem Fenster, das sich bis zur Decke erstreckte und zum Garten wies. »Wenn ich also Ihren kleinen Monolog auf den Punkt bringen darf, dann muss alles Alte und Unmoderne Platz machen für ... die neueste Mode, egal was sie bringt.«

»Nein«, antwortete Backer und blieb sitzen. »Mein Punkt ist, dass es vielleicht um die Suche nach irgendwas *Größerem* da draußen geht ... in allem.«

Er blickte hoch: »Sie glauben doch, dass es *mehr* gibt, Mrs. Alexander?«

Mit einer Geschwindigkeit, die er ihr nicht zugetraut hatte, stand die Frau plötzlich vor ihm.

»Ihr langhaariges Wassermann-Zeitalter finde ich absolut unverschämt. Wie nennen wir uns denn in diesem Jahr? Jesus People, so heißt es doch. Oder Jesus Freaks? Oder haben Sie schon einen eingängigeren, mystischeren Namen?«

Er erhob sich umständlich aus seinem Sitz. »Ich benutze den Namen Clint Backer«, sagte er und streckte die Hand aus. »Und ich habe jemanden kennengelernt, der den Namen Jesus Christus trägt. Er ist die Kraft des ganz wirklichen Gottes, der uns begegnen will. Ich gehöre ihm, damit er mich nach seinem Willen gebrauchen kann.«

Ihre Blicke prallten im Schein der Tiffany-Lampe aufeinander. »Aber dennoch bin ich immer nur ... ich selbst.« Backer fügte hinzu: »Ich verkaufe keine Schlangen; ich schwinge mich auch nicht von Kronleuchter zu Kronleuchter und auf den Gängen wälze ich mich auch nur, wenn ich *extrem* erregt bin. Alles, was ich tue, ist, im Buch zu lesen, den Mann da oben zu fragen und ihm zu folgen. Ich glaube, Darcey will diese Straße ausprobieren, wenn Sie es ihm erlauben.«

Nun griff ihm ihre Hand kräftig in den Arm. »Warum wollen Sie meinen Jungen? Habe ich nicht genug gegeben, als mein Ältester in Vietnam umkam? Warum hat sich Darcey so verändert? Was wollen Sie wirklich?«

Sanft löste er ihre Finger. »Ich will Frieden, Mrs. Alexander. Vielleicht ist der Gott, den Sie so leichtfertig anrufen, nicht der richtige. Der wirkliche Gott erhebt Anspruch auf Darcey! Ich übrigens nicht ... obwohl ich ihn inzwischen ... ja, liebe wie einen Bruder.«

Sie wirbelte davon. Er folgte ihr und drehte sie herum.

Wieder schauten sie sich an. »Sie sind scharfsinnig«, fuhr er fort. »Versuchen Sie mich zu verstehen. Darcey und ich, wir gehören jetzt dazu. Wir sind nicht besser als zuvor. Aber Jesus lebt in uns.«

Er schlenderte durch die Halle. »Ich find schon allein nach draußen. Ich danke Ihnen herzlich.«

Sie verfolgte ihn bis zur Tür: »*Was werden Sie meinem Sohn antun?*«

»Ich werde sein Freund sein, Mrs. Alexander. Wir könnten zusammen ein paar Autos reparieren. Und nächsten Sonntag steigt das Campus-Bibelstudium. Wir werden beten, wir werden singen – so gut wir das können. Wir werden Gott – den wirklichen Gott – bitten, uns zu unterrichten. Nein ...«, er hob seine Hand, um ihrer Unterbrechung zuvorzukommen, »... wir glauben nicht, dass wir alles wissen – oder auch nur viel. Aber wir werden lernen. Bis heute betrifft mein einziges Erfahrungsgebiet die erstaunliche Fähigkeit des Menschen, sich zu bessern. Also werden wir das, wie ich vermute, wohl auch tun. Damit hat es sich. Nur eine Sache wäre da noch ...«

Missgünstig sah sie zu, wie er die schwere Eichentür nach draußen aufstieß und sich auf sein Motorrad schwang.

»Wir erwarten, dass er uns alles klarmacht -«, rief er, »die Regeln, die Tatsachen, den Stoff, den wir beherrschen müssen, um hier zu überleben. Wissen Sie ...«, er zog den Motor hoch, »... das Wissen, das Eltern für ihre Kinder wichtig finden.«

Ausdruckslos beobachtete sie vom Eingang aus, wie Backer das Rondell hinunterrollte und dann in die nächste Straße einbog.

»Sie sind eine kritische Frau«, rief Backer noch. »Warum kommen Sie nicht selbst vorbei und überzeugen sich?« Seine Stimme verklang in der Entfernung. »Oder merkt Ihr guter Instinkt nicht mehr, ob jemand blufft oder die richtigen Karten hat?«

Die Eichentür knallte zu. Doch das Haus hatte hohe Fenster. Backer fühlte die Augen, die ihn auf dem ganzen Weg die Straße hinunter bis zur Ecke folgten.

• • •

Kurz darauf zog Darcey bei Backer ein. Die beiden fanden ein Garagen-Apartment in Boulder. Die Einstellflächen unter der Wohnung füllten sich schnell mit Reparatur-Fahrzeugen. Darcey bewies, dass er die Beaucage-Alexandersche Geschäftstüchtigkeit geerbt hatte. Das Paar stand ziemlich schnell finanziell auf eigenen Beinen.

Auch ihr Studienpensum war gewaltig. Backer war grob geschnitzt, doch sein Verstand war hungrig und hellwach. Er verschlang alles – Theologisches und Weltliches.

Es wurde ihm nicht leicht gemacht: Er war älter. Er war Biker. Und er war Christ. Doch am Ende des Sommers hatte er sich seinen ganz persönlichen Platz erarbeitet.

Die Bibelabende fanden auf dem Innenhof statt, während der Sommer noch warm war. Sie begannen als Andachtsgruppe, wuchsen aber rasch zu einer festen Gemeinschaft.

Lynne mit ihrem kastanienbraunen Pony, das Mädchen aus Backers Vergangenheit, leitete viele Treffen. Doch sie brachte ihn nie mit jenem betrunkenen Werwolf in der Schlucht in Verbindung – und er erinnerte sie nicht daran.

Als Lynne dann begann, Termine abzusagen, schien Ter Horst es zu verstehen. Doch er erklärte nichts. Weil das Fish-House in Schutt und Asche lag, begannen dessen Mitarbeiter, sich zum Campus-Treffen zu gesellen. Niklhas leitete einige Abende, Kobol ebenso. Auch Ter Horst sprang ein. Doch am Ende des Sommers ging Backer zu seiner eigenen Überraschung als Leiter hervor.

Dann erschien Darceys Mutter. Sie setzte sich hinten hin und sprach mit niemandem außer mit Ter Horst. Sie kam wieder.

Nach ihrem dritten Besuch fehlte Darcey drei Tage lang in den Vorlesungen und verbrachte diese Zeit mit seiner Mutter. »Anna Beaucage Alexander«, erklärte Ter Horst, »durchlebt gerade ihre Entpuppung zu einem menschlichen Wesen in erstaunlicher Geschwindigkeit.«

In der letzten Woche des Sommersemesters saß Backer im Schneidersitz auf dem Rasen. Sein kantiges, zerfurchtes Gesicht beugte sich über den 1. Thessalonicherbrief und ein Griechisch-Lexikon. Leises Gemurmel erhob sich um ihn herum, während sich die Gesellschaft einfand. Eine Gitarre spielte leise.

In seinem linken Augenwinkel registrierte Backer, wie ein gelber Blitz auf ihn zuwirbelte. Sein austrainierter Reflex warf seinen Hals zurück und die Frisbee-Scheibe zischte nur um Millimeter vorbei. Er hörte, wie jemand sie hinter ihm auffing.

»'tschuldigung!«, sagte der Fänger.

»Okay.«

Die Scheibe wischte wieder über Clints Kopf und kämmte sein Haar.

Der Arm schoss hoch und fischte das Ding vom Himmel.

»He!«

Er schleuderte den Frisbee dem anderen zu. »Macht es euch etwas aus, ein Stück weiterzugehen? Wir erwarten hier Leute.«

»Haltet ihr einen Kongress ab?«

»Lass gut sein, Mann«, rief sein Freund. Es war Gary, Lynnes mechanisch unbegabte Buchstabenjacke.

»Das ist der ehrwürdige Pater Backer. Eine große, wollige Herde Bäh-Bähs muss unmittelbar in der Nähe sein. Lasst uns den heiligen Mann geneigt stimmen und ein Stück weitergehen.«

Pater Backer. Clint seufzte.

»Kriegen eigentlich auch Christen den Blues?«, fragte er sich und kannte die Antwort.

Doch der Tag endete noch mit einer überraschend guten Versammlung.

Zum Schluss fragte Lynne, die bisher nur geschwiegen hatte: »Hat sich irgendjemand Gedanken gemacht über das große Konzert im Herbst?«

Sie deutete auf ein Plakat, das an einen Baum geheftet war.

Begrüßt Halloween mit der besten Rock-and-Roll-Band der Welt, forderte es auf. Unter dem Schriftzug prangte das Foto eines mageren tänzelnden Mannes, der mitten im Schrei erstarrt war.

»Im Red Rocks Amphitheater«, erklärte Lynne weiter.

Chavez schlenderte zum Poster. »Harte Klänge und harte Kiffer.« Er schaute zu Lynne hinüber. »Findest du wirklich, dass wir diese Show infiltrieren sollten?«

»Was denken die Übrigen?«, fragte Backer.

»Ich finde, sie sind wirklich die beste Band auf Erden«, warf Darcey dazwischen.

»Abgesehen vom Schlagzeuger, der sich im letzten Sommer zu Tode gegiftet hat«, meinte Niklhas.

Kobol rekelte sich im Gras. »Ohne unseren Großen Freund sind wir genauso tot wie ihr letzter Drummer.«

»Mich hat mal einer beim Konzert angesprochen«, sagte Backer leise. »Was er mir über Jesus erzählte, habe ich nicht sofort angenommen. Aber später ...«

»Wir sollten gehen«, beharrte Lynne. Ihr Gesicht war ungewöhnlich bleich unter ihrem eigenartig schütteren Pony.

Backer bemerkte ihr ausgedünntes Haar und die hellen Flecken auf den Wangen des Mädchens. Er führte dies auf eine Sommergrippe zurück.

»Was sollen wir also tun?«, fragte Dawn.

»Es kommt nicht darauf an, was wir tun, sondern darauf, was wir sind«, antwortete Backer. »Geht hin, ohne zu richten, dafür in Liebe. Seid bereit zu reden, wo sich eine Tür öffnet. Das ist alles, Kinder. Das ist das ganze Geheimnis.«

• • •

Über das Konzert wurde wenig gesprochen. Zur gleichen Zeit erschien Lynne immer seltener in der Gruppe. Die meisten glaubten, dass sie für ihr Diplom am Ende der Sommervorlesungen paukte, und führten ihre Abwesenheit darauf zurück.

Als die Gemeinschaft die Abschlussparty ihr zu Ehren im frühen September feierte, wirkte sie zerstreut und wich bezüglich ihrer Zukunftspläne aus.

Backer beachtete ihre Schweigsamkeit nicht weiter, weil er mit seiner eigenen Vorbereitung auf das Herbstsemester genug zu tun hatte. Doch während er eines Abends das Vorlesungsverzeichnis der Colorado-Universität überflog und vergeblich nach Vorlesungen von Ter Horst suchte, schellte das Telefon.

Darcey nahm ab. »Es ist Ter Horst«, sagte er. Etwas in seiner Stimme machte Backer hellwach.

»Er will, dass du zur Uni-Klinik kommst. Lynne stirbt.«

• • •

Ter Horst wartete vor dem Raum 321.

»Brustkrebs. Die Chemotherapie hat versagt. Die Amputation im letzten Jahr hat es nur hinausgezögert. Die Ärzte geben ihr diese Nacht nicht mehr.«

»Das hast du uns nie erzählt.«

»Es war *ihr* Leben und sie hat es auf *ihre* Art gelebt. Sie wollte wie alle anderen behandelt werden ... bis zuletzt. Sie pendelte schließlich nur noch hin und her zwischen Klinik, Vorlesung und Wohnheim.«

Das Krankenzimmer roch nach welken Blumen und nach Tod.

»Clint?«

Er nahm ihre kleine weiße Hand. »Wir können beten. Wir bitten Gott ...«

»Ich habe ihn schon gebeten. Er ruft mich nach Hause.« Sie lächelte mit geschlossenen Lidern. »Ich freue mich darauf.«

»Nicht sehr rücksichtsvoll gegenüber dem Rest von uns. Wir werden uns beim Management beschweren.«

Ein Hauch von einem Lachen. »Als ob *du* dich beschweren könntest ... Ich gehe mit nur 23 Jahren ... Und wenn ich gehe, wird das sein, als wenn jemand seinen Finger aus dem Ozean zieht ... ein Kräuseln und *plopp* ... gerade hast du mich noch gesehen und jetzt nicht mehr.«

»Lynne, du hast vielen so viel bedeutet ...«

Ihre Hand schwankte empor und legte einen Finger auf seinen Mund. »Großer tapferer Clint ... immer an der Front ...

draußen ... auf den Straßen ... in den Vorlesungen. Wie viele wurden mit deiner Hilfe aus der Finsternis gefischt? Darcey, Nora, Kelley, vielleicht Anna – wer weiß? Und wie viele noch in Zukunft, bevor ...« Ihre Stimme erstarb.

Plötzlich drang das elektronische Piepen des Überwachungsgeräts in Backers Bewusstsein, das mit einem hüpfenden weißen Punkt auf dem Monitor ihre letzten Lebenszeichen verfolgte.

Hastige Schritte auf dem Flur. Eindringlich rief Backer ihren Namen. Ihre Augen öffneten sich flackernd.

Die Stimme einer Krankenschwester: »Sir, Sie sollten jetzt ...«

»Lynne, höre mir zu ...« Er zwang ihr seine Worte ins Bewusstsein. »Ich ...«

Eine weitere Schwester kam herein und sie drängten ihn hinaus. »Mister, Sie müssen jetzt ...«

»Schau mich an! *Ich war der Mann in der Schlucht in jener Nacht!*«

Einen Augenblick lang erfassten ihn ihre Augen. »Dann ... hat alles Sinn gehabt.«

Hände schubsten ihn beiseite. Hektische Befehle vermischten sich mit dem plötzlichen Schrillen der Maschine. Der weiße Punkt hörte auf, Berge und Täler zu zeichnen, und lief in einer langen Ebene aus. Ebenso wie Lynnes Gesicht, als sie ihre Augen schloss und ihre Miene zu einem ewigen Lächeln gerann.

Backer wurde rückwärts hinausgeschoben und die Tür schlug vor ihm zu. Er legte noch seine Hand auf das Türblatt und rief: »Danke, Lynne!«

Dann nahm er Abschied.

Das Haus

An einem trüben Regennachmittag, eine Woche nach Lynnes Beerdigung, schrillte ein Anruf von Mrs. Alexander in den Donner über Backers Apartment in Boulder.

»Kommen Sie zu mir in mein Zeitungsbüro ... fünfzehnte Straße!«

»Es regnet in Strömen über Boulder.«

»In Denver regnet es ebenfalls. Sie sollten erwarten, nass zu werden, wenn Sie eine Marley fahren.«

»Harley!«

»Auch gut. Ziehen Sie Ihre Banditen-Jacke an. Ich vermute, dass sie wasserabstoßend ist.«

»Hmmm.«

»Sie ist nämlich in anderer Hinsicht mit Sicherheit abstoßend. Und bringen Sie meinen Sohn mit!«

»Warum kann das nicht warten?«

»Was kann schon warten auf Erden?«

Backer legte den Hörer auf.

»Warum will Mom mit dir sprechen und nicht mit mir? Und was will sie überhaupt?«

»Ihre unergründliche Art ...«, seufzte Backer. »Die Diamanten-Königin lässt bitten!«

Backer und Darcey schlugen ihre Kragen hoch und spritzten mit der Harley durch den Wolkenbruch nach Denver.

In ihrem Büro in der obersten Etage erhob sich Mrs. Alexander, um sie zu begrüßen.

Darcey schaute über ihre Schulter aus dem regenbenetzten Fenster. Etliche Stockwerke tiefer spritzten die großen Reifen eines cremefarbenen Cadillacs durch das Wasser neben dem Bordstein.

»Aha ... Deine Staatskarosse wartet. Was hast du vor, Mama Machiavelli?«

»Darcey, werde nicht ungezogen«, gab sie scharf zurück. »Wenn du von der Beaucage-Seite Verstand geerbt hast, wirst du mit mir fahren. Du siehst aus wie ein nasser Stichling.«

»Wo soll er nun mit Ihnen hin, der krasse Frischling?«, reimte Backer, als sie an ihm vorbeifegte Richtung Tür.

»Stichling. Und bitte, Clint, ersparen Sie uns diesen schrecklichen Laut, den Sie für Lachen halten. Angesichts Ihrer gegenwärtigen Ähnlichkeit mit einer ertrunkenen Straßenkatze schlage ich vor, dass Sie mit uns fahren.«

Die Rücksitze der gut abgeschotteten Limousine boten großzügigen Platz. Flüssiges Maschinengewehrfeuer prasselte auf das Dach.

»Zum Eagleton-Gelände, bitte, Danny.«

Der Chauffeur nickte und rollte hinaus in den lockeren Verkehr, bog rechts auf den Broadway ab, links auf die elfte Straße, dann wieder rechts nach Logan. Schließlich parkten sie vor einem großen Granitgebäude, das auf einer Ecke des Hügels ruhte, auf dem sich Logan erhob.

Backer stieg unter tropfenden Ulmen aus, die auf dem Grasstreifen hinter dem Bordstein wuchsen und einen rissigen breiten Gehweg überschatteten.

Den Gehweg begrenzte rechts eine hüfthohe Stützmauer aus Stein, auf der ein Zaun aus schwarzen Eisenspeeren thronte. Fünf Stufen führten zu einem eingelassenen mannshohen Portal.

»Erwartet denn Graf Dracula Besucher?« Backer folgte den anderen durch das quietschende Tor.

Mrs. Alexander würdigte ihn keiner Antwort, sondern schritt energisch auf das alte Gebäude zu. Der Regen überzeugte Darcey, es ihr gleichzutun.

Backer hielt sich mit einer Hand den peitschenden Regen vom Gesicht und betrachtete das Grundstück. Das Hauptgebäude bestand aus einem uralten Steinrechteck, drei Stockwerke hoch an manchen Stellen, anderswo vier – und zwei an den Seitenflügeln. Der Rasen war weit und dicht. Clint machte undeutlich die Umrisse von Nebengebäuden dort aus, wo hinter dem Haus der Boden zum Hügel anstieg.

Mrs. Alexander sprang auf die Veranda zwischen zwei der sechs Stützsäulen. Sie trugen die Decke, in die ein Adler mit fast drei Metern Flügelspannweite hineingemeißelt war.

»Dieses Gut«, erklärte sie Darcey und Backer, als sie zu ihr unter den Schutz der Adlerklauen kletterten, »fällt trotz seiner zentralen Lage nicht in die Kategorie wirklich erstklassiger Anwesen.«

Sie nickte zur Kuppel des Capitol-Gebäudes hinüber, deren goldene Oberfläche im Regen funkelte. »Obwohl diese Gegend nur einige Blocks von der Innenstadt entfernt ist, wird sie von massiv gebauten alten Häusern geprägt, die leider größtenteils verwahrlost sind.«

Backer erkannte plötzlich, dass die ausgebrannten Überreste des FishHouse nur einen Katzensprung weit entfernt lagen.

Mrs. Alexander schwatzte wie eine Immobilienmaklerin, während sie ihre schlanke Hand auf einen Zierknauf unter einem gewaltigen Buntglas-Oval legte.

»Sowohl in Wohnlage als auch in Gewerbegegend gelegen, enthält das Haus noch viel von der ursprünglichen Möblierung. Es war an eine Bruderschaft vermietet worden, wie Sie an den scheußlichen Wandmalereien sehen werden.«

»Mama, könntest du bitte auf den Punkt kommen?« Darcey schüttelte sich den Regen aus seinem gelben Haar.

»Dies war einst das Haus von Charlotte Eagleton.«

Darcey schnippte mit den Fingern. »Der Geisterhügel! Kein Wunder, dass es leer steht. Gehört es dir?«

Mrs. Alexander drehte den Bronzeknauf. »Irgend so ein Narr in meiner Investment-Gesellschaft hat es aufgelesen ...

und es hat keinen Käufer gefunden. Doch es steht nicht länger leer und es gehört nicht länger mir.«

Der Wind wehte heftiger. »Und wer …«, Darcey erschauderte, als der Regen ihn erneut traf.

»Es gehört uns.« Niklhas tauchte im warmen Licht des Flures auf und schwang die verglaste Tür weit auf. »Willkommen zu Hause, Jungs.«

• • •

Darcey rutschte das Geländer der dunklen Wendeltreppe runter, vorbei an den Porträts und ausgestopften Vögeln. »Hitchcock sollte das hier sehen. Alfie würde sich wie zu Hause fühlen.«

»Schon bemerkenswert«, grummelte Backer in seine Kaffeetasse hinein, als er mit Darceys Mutter und Dawn in dem alten, hochlehnigen Sofa saß. Niklhas war gegenüber in der Tiefe eines rot-ledernen Ohrensessels versunken. Ein kleines Feuer knisterte unten im gemeißelten Kamin und betonte das perfekte Profil von Niklhas.

»… eine Stiftung«, fuhr er fort. »Mrs. Alexanders Anwalt arbeitet sich gerade durch den Papierkram. Wir werden ein gemeinnütziger Verein. Dieses Haus hat Zimmer für die Obdachlosen, Vorratsräume für Essen und Kleidung, Platz für Werkstätten – einfach alles!«

»Und einen Kontrollausschuss bestehend aus Denvers schärfsten Geschäftsleuten, die mit Argusaugen über die Sauberkeit des Unternehmens wachen werden«, fügte Dawn hinzu. »Sie bringen mir gerade das bei, was sie ›Ressourcen-Entwicklung‹ nennen – ›Geld auftreiben‹, wie ihr Proleten sagt.«

Mrs. Alexander nickte. »Ich kann es von der Steuer absetzen und ihr könnt staatliche Fördermittel beantragen, wenn euer Haus in Ordnung ist.«

»Und *Sie* leiten dann das Haus?«, fragte Backer.

»Nein«, schüttelte Niklhas den Kopf. »Ich werde es tun. Mrs. Alexander wird nur der Kontrollkommission vorsitzen. Der Präsident ist es, der die Tätigkeiten leitet.«

»Viel Glück.« Backer starrte auf die lächerlichen Wandgemälde. Die imitierten griechischen Fresken erinnerten an die Zeit des Hauses unter der Bruderschaft, ebenso wie die roten englischen Münztelefonzellen, die im ganzen Gebäude verstreut standen.

»Und ich führe die Kasse«, lächelte Dawn. »Jetzt brauchen wir nur noch einen Vizepräsidenten und wir können anfangen.«

Die Flammen knackten. Alle warteten darauf, dass Backer das Wort ergriff.

Nach einer Pause sagte Mrs. Alexander: »Meine Zeitungen werden Ihre Fortschritte begleiten. Ich habe Ihr Werk äußerst sorgfältig durchleuchten lassen – auch die Rehabilitations-Statistik Ihrer Bekehrten.« Sie blickte auf Darcey, der gerade ins Zimmer schlenderte. »Ich muss sagen, dass ich überzeugt bin. Sie haben ... Sie haben aus mir wieder eine Gläubige gemacht.«

»*Wir* sind es aber nicht, an die Sie glauben sollten ...«, sagte Backer leise.

»Natürlich nicht. Maßen Sie sich nicht an, mich zu schulmeistern, Clint Backer. Es ist der, der hinter Ihnen steht, zu dem ich Vertrauen gefunden habe.«

»In welchem Zimmer hat Ambrose Eagleton sich denn erhängt?«, fragte Darcey.

Seine Mutter runzelte die Stirn und übertönte dann das Stimmengewirr. »Charlotte Eagleton war eine stark ... religiöse Frau.« Sie seufzte. »Im gleichen Sinne, wie ich es war, fürchte ich. Sie wickelte sich das Evangelium um ihren eigenen starken Willen, um ihre Ansichten durchzudrücken. Natürlich ...«, sie blickte wieder zu Darcey, »... rebellierte ihr Sohn. Ambrose Eagleton wurde der berüchtigte Führer eines

Kultes, der in alle möglichen bizarren Praktiken verwickelt war. Er erlag seinen Depressionen. Eines Abends fand ihn ein Hausmädchen, nachdem er sich am Kronleuchter erhängt hatte. Fragen Sie mich nicht mehr. Ich habe nicht die Absicht, Ihnen diesen Raum zu identifizieren.«

»Deswegen ist es hier drinnen so ... schwer.« Dawn zitterte. »Ich dachte, es wäre nur das Alter des Hauses.«

»Eine Bedrückung«, stimmte Niklhas zu. »Aber es kommt nicht darauf an, wie dunkel es hier früher war. Wir bringen nämlich das Licht.«

»Abendmahlsfeier«, sagte Backer.

Sie drehten sich zu ihm um.

»Was?«

Backer stand auf und blickte sinnierend ins Feuer. »An diesem Wochenende ... Alle ... der gesamte FishHouse-Kreis.« Er blinzelte ins Feuer. »Wir erlauben der Finsternis keinen Fuß in der Tür.«

Dawn schlug mit dem Arm auf die Couch, wobei sie Staub aufwirbelte. »Aus dem Staub macht Gott das Beste ...«

»Das FishHouse ersteht aus der Asche wie ein Phönix«, lachte Darcey.

»Nicht wie ein Phönix.« Backer schaute vom Kamin weg. »Wie ein Adler.« Bedachtsam zitierte er: *»Ich werde aufsteigen ... auf Adlerschwingen.«*

Niklhas entfaltete und streckte seine riesige Gestalt. »Das Wochenende steht bevor«, stellte er fest. »Lasst uns die Adlerschwingen bereit machen.«

• • •

Es war eine Woche voller Schrubben, Bohnern, Anstreichen und Reinigen.

Darcey, Niklhas und Backer übernachteten im Haus; Dawn wohnte bei Mrs. Alexander. Sie wirkte nun als Assistentin der

Erbin und es schien Backer, dass die beiden einander näherkamen. Beide Frauen halfen den anderen Mitgliedern der Gemeinschaft abends, das alte Anwesen auf Vordermann zu bringen.

Am Abend vor dem Gottesdienst hatte sich Backer auf eine Trittleiter geschwungen und reparierte Regale in der Bibliothek der ersten Oberetage.

Er liebte dieses Zimmer. Seine Regalbretter waren bestückt mit Spenden aus der ganzen Gemeinschaft, einschließlich Ter Horsts. Zusammen mit einigen Bänden, die die Eagletons und die Bruderschaft hinterlassen hatten, reichte die Auswahl von Sokrates über Spinoza bis Spiderman.

Eine Sammlung anderer Art hatte Darcey angelegt. Im modrigen Kellergeschoss hatte er eine 1955er Rockola-Musikbox entdeckt, ein weiteres Vermächtnis der abgereisten Bruderschaft. Völlig aus dem Häuschen bekniete er Nik, Backer, Chavez und Kobol so lange, bis sie ihm halfen, die Jukebox in den Salon zu transportieren, wo seine flinken Finger sie schnell zu ihrem neonblinkenden Leben erweckten.

Er bestückte sie mit Folk Rock aus den späten Sechzigern, obwohl Dawn darauf bestand, sämtliche klassischen Stücke aufzunehmen, die mit 45 Umdrehungen pro Minute abspielbar waren.

Nun drangen die sanften Melodien von Peter, Paul und Mary in die Bibliothek.

Unterhalb der Leiter wischte Dawn kräftig an der Patina eines antiken Globus, wobei sie nach Tastsinn und Instinkt arbeitete. Backer sog den Erdbeerduft ihres kupferfarbenen Haars ein.

»Woher weißt du, was du tun musst?«, fragte er, als er gerade ein Teakholzbrett anbrachte.

»Gesunder Menschenverstand, erworbene Erfahrung und eine Art innere Schau … genau wie das Christentum.«

Sie setzte die Möbelpolitur ab und ließ den Globus kreiseln.

»Ich wünschte ... ich hätte die richtigen Worte ... gerade jetzt.«

»Du?«, lachte sie. »Du bist doch nie um Worte oder Taten verlegen, Clint. Darin bist du einfach ein Naturtalent.«

»Ich finde dich sehr hübsch.«

»Danke.« Ihre Hände hielten den Globus an.

»Ich liebe dich, Dawn.«

»Ich liebe dich auch, Clint. Und ich weiß, dass du schön bist.«

»Nein ... nicht so ... Liebst du mich denn wirklich ...?«

»Und darum sollst du es als Erster erfahren. Den Übrigen geben wir es morgen bekannt ... Nik und ich, wir sind jetzt verlobt.«

Backer arbeitete an dem Bücherbord. »Natürlich«, murmelte er. »Natürlich seid ihr das.«

• • •

In jener Nacht lag Backer noch lange wach. Er hatte sich ein kleines Schlafzimmer unter dem Dach ausgesucht.

Später konnte er nie sagen, was nun wirklich seinen Schlaf gestört hatte, in den er endlich hinüberglitt. Plötzlich saß er jedenfalls bebend aufrecht im Bett. Draußen wirbelten dunkle Wolken am Mond vorbei. Unheimliche Schatten fielen auf den Boden.

Etwas bewegte sich in der Ecke. Einen Augenblick lang sah es aus wie ein Gesicht – aufgedunsen von Selbstmitleid, tot drehte es sich langsam an einem Seil, das vom Kronleuchter in der Ecke des Raumes herabhing.

Instinktiv begann er leise zu beten, noch bevor er wach genug war, das Licht anzuschalten.

Natürlich war dort nichts. Doch er erkannte, dass er das Schlafgemach von Ambrose Eagleton gewählt hatte, der sich entschied, seinem Leben ein trauriges und trotziges Ende zu bereiten.

Und er erkannte ebenso, dass die Allmacht seines Herrn Jesus Christus hier anwesend war.

• • •

Alle waren sie gekommen zur ersten Versammlung an jenem lausigen Abend im Spätseptember: Chavez, Kobol, Nora, Ter Horst, Darcey und seine Mutter und noch dreißig weitere. In schweren alten Sesseln, auf dem Perserteppich und auf dem alten hochlehnigen Sofa zusammengedrängt, saßen sie verstreut in dem hochgebauten Salon.

Die Mitglieder des nun christlichen Hauses *Adlerschwinge* reichten den Laib frisch gebackenen Baguettes herum, rissen jeweils einen Brocken ab und gaben es weiter.

»Dies ist mein Leib. Nehmt, esst ...« Niklhas sprach die Worte, als die ersten Akkorde eines Cembalostückes von Bach von der blinkenden Musikbox an der Tür erklangen. Er nahm eine Flasche vom Kaminsims. Während der Feuerschein auf der facettierten Oberfläche glitzerte, schenkte er purpurne Flüssigkeit in einen Kelch aus Bleikristall, der aus einer Vitrine stammte und nun tadellos poliert war.

»Denn dies ist mein Blut, für euch vergossen. Tut dies zu meinem Gedächtnis.«

Als Backer das Glas an seine Lippen hob, meinte er, auf der silbernen Fläche des Spiegels über dem Kaminabsatz einen merkwürdigen Schatten schwimmen zu sehen. Einen Moment lang war ihm, als sähe er wieder das Gesicht aus seinem Traum: Ambrose Eagleton, von Verzweiflung aufgeschwollen. Dann zitterte es und verwandelte sich in Colts Gesicht mit schreckgeweiteten Augen.

Backer trank. Als die leisen Gebete und die Musik ihn einhüllten, tauchte vor ihm Lynne aus seiner Erinnerung auf –

blass, verwelkend, dennoch irgendwie sprühend vor Leben, sogar während sich ihr Gesicht im Tod entspannte.

Zuletzt dachte er, dass er ein weiteres Gesicht sah: bärtig, braunhäutig, glühend vor Erbarmen. Da war der Umriss einer Hand, die sich ausstreckte mit einer Wunde in der Mitte.

Doch es war nur seine eigene Hand, die nun die Bibel erhob und las: »*Und das Licht kam in die Finsternis und die Finsternis hat es nicht überwunden.*«

Backer wusste, dass er künftig weder von Ambrose Eagleton träumen würde noch von Colt. Auch war die Finsternis aus dem Haus gewichen.

• • •

Bevor sie sich in jener Nacht verabschiedeten, entrollte Backer das Plakat, das das anstehende Konzert in Red Rocks ankündigte.

»Lynnes Idee«, bemerkte Darcey.

»Und wir gehen trotzdem ... für Lynne!« Backer rollte das Poster wieder zusammen.

Alle stimmten zu, außer Ter Horst.

»Ist wohl nicht Ihre Kragenweite, was, Holandés?«, fragte Chavez.

»Um meine Kragenweite braucht sich niemand Sorgen machen. Aber um Ihre missformulierte Neugier zu befriedigen, Señor Chavez: Ich biete mich nicht als Speerspitze für eure Attacke an, weil ich nicht hier sein werde.«

»Keine Vorlesungen ... Ist am Wochenende«, warf Darcey ein.

»Ich werde nicht im Lande sein. Ich habe mein Sabbatjahr bis nach Lynnes Abscheiden verzögert. Ich wollte nach ...« Er hielt kurz inne. »Nun, während ihr euch unter die Hardrock-Heiden mischt, werde ich zwischen harten Felsen in der alten Stadt Petra klettern.«

»Sie gehen wirklich weg?«, fragte Niklhas.

»Ein Jahr lang ... Eine Rundreise ums Mittelmeer und durch den Nahen Osten.«

»Aber Sie waren doch *immer* hier!«, beschwerte sich Kobol.

»Nichts hier währt ewig«, seufzte Ter Horst. »Hat denn niemand etwas in meinen Vorlesungen gelernt?«

»Dann sind wir ...«, stockte Darcey.

»Wir sind auf uns selbst gestellt«, unterbrach Kobol. »Merlin scheidet von Burg Camelot.«

»Eine schöne Anspielung«, lachte Ter Horst. »Ja, England wird weiterkämpfen müssen ohne den Rat jenes schlohen Hauptes. Doch um bei der Sage zu bleiben: Ihr habt immer noch Arthus und Genoveva.« Er neigte seinen buschigen Kopf in Richtung Niklhas und Dawn, die Hand in Hand am Feuer saßen. »Und Ritter Lancelot ...«

Backer lehnte an der blinkenden Jukebox.

Ter Horst schwieg eine Sekunde lang. »*Diese* Geschichte wird mit Gottes Gnade besser ausgehen.«

Während die anderen über das Konzert diskutierten, winkte Niklhas Backer herbei. Sie besprachen sich leise in der Bibliothek.

»Willst du unbedingt dahin?« Er rollte wieder das Konzertposter auf. Der Sänger war immer noch in seinem Schrei erstarrt.

Backer nickte.

»Clint, hast du auch *alles* gelesen?«

Backer nahm die Ecke des Posters zwischen die Finger. Unten, ganz klein, war das Impressum zu lesen: »*Eine Fave-Rock Produktion*.«

Das Festival in Texas. Die Intrige. Der Gegenschlag. Favereu, Blackburn und Aikens in ihrer Unterwäsche schreiend an Stühle gefesselt. Die Maschinen der Wölfe jagen aufheulend in die Nacht, beladen mit Drogen und Banknoten.

»Die Dinge werden immer seltsamer.« Backers Blick blieb am Plakat kleben.

»Du willst immer noch gehen?«

Zur Antwort gab Backer im Vorbeigehen dem Globus einen Klaps und ließ ihn rotieren. Er ging zurück in den Salon, wo Pläne für das Konzert geschmiedet wurden.

Das Konzert

Der Konzerttag war für die Saison ungewöhnlich warm. In den Stunden vor der Abfahrt kniete Backer am Schwimmbecken hinter dem Haus in der Logan Street und goss eine Chlorlösung in das sich kräuselnde Wasser.

»Ein Taufgottesdienst an Halloween!«, schüttelte Niklhas den Kopf. »Wir laufen Gefahr, der Unorthodoxie, wenn nicht sogar wahrer Vergnügungssucht anheimzufallen.«

»Kann mir keine bessere Art vorstellen, den morgigen Abend zu verbringen.« Backer stand auf. »Das wird ein Erlebnis ... Und doch habe ich das Gefühl, dass ich ihn nicht erleben werde.«

Niklhas nahm Backer mit seinem Polizeiblick ins Visier. »Wenn nicht morgen, dann ein anderes Mal. Du wirst mit uns zurückkehren.«

Backer stemmte das Chlorfass auf ein Regal. »Sicher komme ich zurück.«

Niklhas' Hand ruhte auf Backers nackter Schulter. »Fahre unbesorgt, Crack. Vergiss nicht, dass die Staatsanwaltschaft weiß, was ihr auf Favereus Galveston-Festival damals angestellt habt. Aber weder Favereu noch die Wölfe werden das eingestehen. Man sagt jedenfalls, dass Aubrey bis zum Hals im Schlamassel steckt. Die Cops stehen kurz vor dem Zugriff. Niemand interessiert sich für dich. Du bist Geschichte.«

»Mit Geschichte bin ich noch nie klargekommen.« Backer ging ins Haus, um zu duschen.

An jenem schönen Nachmittag bestieg Backer seine Harley, sobald Kobols Wohnmobil in Sichtweite rumpelte. Er winkte mit dem Arm und rief wie der Anführer eines Siedlertrecks: »Wagen ... vorwärts!«

Die Karawane schlängelte sich über die Hügel, Backer vorweg, Kobol am Schluss. Dazwischen war der neue Bus – geleast von der Alexander Organisation –, eine Gruppe Vans und Kombis und Chavez auf einer leuchtend schwarzen Honda CB 750. Darcey reiste daneben auf einer goldenen Triumph 650, die allzu sehr Colts früherer Maschine glich.

Das Freiluft-Amphitheater von Red Rocks war aus der Felsseite eines Hügels geschlagen worden. Alles wurde in diesem Kessel abgehalten, vom Rockkonzert bis zum Ostergottesdienst. Es war brechend voll, als die Gruppe dort an jenem Oktobernachmittag ankam.

Sie verteilten sich unter der hämmernden Musik und mischten sich in die tanzende und tobende Menge. Backer sah Geld und Drogen von Hand zu Hand wandern. LSD war gerade in Mode, doch der Markt für Meskalin und Amphetamine boomte ebenfalls. Er fragte sich, ob Favereu in diese Drogengeschäfte verwickelt war. Mit der Hand über den Augen erspähte er gegen die Sonne den Platz, auf dem der Lkw-Anhänger mit dem *FaveRock*-Banner geparkt war.

Sollte er in diese Richtung gehen? Das würde Ärger nur geradezu provozieren. Außerdem war es spät und die Tagesveranstaltung neigte sich dem Ende zu.

»Darf ich Ihnen dies geben?« Jemand vor ihm verteilte eine der Schriften, die die Gruppe bestellt hatte. Backer und Dawn hatten die Faltblätter ausgesucht. Sie hatte auf eine geschliffene Sprache geachtet, er schätzte nüchtern ab, was die Leute wirklich lesen würden.

Das Licht blendete ihn und er konnte nicht sagen, welcher seiner Leute es war. Vielleicht Chavez, denn der Mann war dunkelhäutig, aber größer ... und die Stimme ...

Ein eigenartiges Kribbeln lief Backer den Rücken hinunter. Er drängte sich durch die Menge, wobei er gegen die Sonne blinzelte.

»Ich meine, dich zu kennen, aber ...«

»Auf jeden Fall sind wir Brüder.« Der Mann wies auf das kleine Goldkreuz, das Backer um den Hals trug.

»Scheinen wohl viele von uns hier zu sein. Ich heiße Backer.«

»Ja. Ein riesiger Mann verlangte nach Ihnen, dort drüben.« Seine Hand wies auf das *FaveRock*-Hauptquartier.

Niklhas mischte sich ein: »Hat er den Grund genannt?«

»... wichtig.«

Backer hörte nur das letzte Wort. Er wendete seinen Blick vom Anhänger ab, doch der Mann war bereits verschwunden. Offensichtlich hatte ihn die Menschenmenge auf seinem Weg bereits verschluckt.

Mit einem Schulterzucken wühlte sich Clint zum Anhänger vorwärts. Inzwischen hatte er seine Lederjacke gegen die Abendkühle angezogen. Wo einst der Wolfskopf quer über Backers Rücken die Zähne gefletscht hatte, war jetzt das Emblem mit der Faust, deren geöffneter Zeigefinger Richtung Himmel zeigt. Darunter stand der Schriftzug *One Way*.

Vor dem Anhänger erstarrte er, als er die spindeldürre Gestalt von Harry Blackburn erkannte, Favereus rechter Hand. An jenem Abend auf dem Galveston-Festival hatte er ihn am Stuhl gefesselt zurückgelassen, rasend und nach Rache brüllend.

Impulsiv wandte er sich ab.

Blackburn hielt mit der Hand an der Anhängertür inne. Seine dunkle Sonnenbrille peilte auf das *One-Way*-Emblem. »Noch mehr von euch Typen? Hoffentlich habt ihr wenigstens Eintritt bezahlt.«

Clint schaute direkt in Blackburns getönte Brille.

Blackburn schien ihn nicht wiederzuerkennen: »Mach dich fort! Ich habe hier das Sagen.«

Die Anhängertür knallte zu.

Backer rieb sich nachdenklich den Bart.

Er vermisste irgendwie Niklhas' mächtige Gestalt.

Dann hörte er aus dem Inneren des Trailers eine vertraute Stimme:

»Ihr Blödis ... wir sind nur zum Abrocken da, das's' alles. Wussten ja nicht, dass ihr da seid.« Die Stimme stöhnte auf vor Schmerzen.

Durch die Vorhänge hinter dem Fenster des Anhängers schimmerte Licht. Backer presste sein Gesicht an die Scheibe. Godzilla, der dreihundert Pfund schwere Biker, war an einen Stuhl gefesselt. Stricke schnitten sich in das Fleisch seiner Oberarme. Blackburn fuhr mit dem kurzen Lauf seiner Neun-Millimeter-Beretta über Godzillas graue Wange.

»Komm uns nicht damit. In Galveston habt ihr euch unser Gift, unser Geld und die Kassette unter den Nagel gerissen, die unser tumber Rex im Büro zurückgelassen hatte. Das FBI hat Aikens schon hinter schwedische Gardinen gesetzt und wir haben keinen Besuch geplant. Wo ist also das Band?«

»Was wollt ihr eigentlich von mir?« Godzilla spuckte Blut. »Wir wollen genauso wenig die Bullen wie ihr.«

Favereu packte den Riesen am Bart. »Einige unserer Leute sind *sehr* verärgert. Ihr müsst einen Grund gehabt haben, zurückzukommen. Wenn das Tonband noch da ist ...«

»Wir Wölfe haben Besseres zu tun, als uns mit so'm Bandgewusel abzugeben.«

Favereu ohrfeigte ihn. »Hol das Pentothal!«

Blackburn öffnete umständlich einen Hängeschrank an der Trailerwand und holte eine Flasche und eine Spritze hervor.

Favereu begann damit, das Hypnotikum aufzuziehen. »Damit kriegen wir die Wahrheit zuverlässig raus. Aber zappel nicht, sonst werde ich nervös und man sammelt dich später mit gebratenem Gehirn ein.«

Er griff Godzillas Arm und stach die Nadel hinein. »Vielleicht sammelt man dich sowieso ein ...« Er presste seinen Daumen auf den Kolben.

In einer Explosion von Glasscherben zerbrach Backers Stiefel das Fenster. Er wirbelte mit einem Überschlag herein und trat Favereu die Spritze aus den Fingern. Eine Drehung und er griff nach Blackburns Pistole.

Doch der kurze Lauf zeigte auf Clints Gesicht. Backer erstarrte.

»Jetzt erkenne ich dich«, stieß Harry hervor. »Du warst es, der ...«

Und dann quiekte er, als sich eine Messerspitze an seine Kehle legte.

»Wirf dein ekliges Spielzeug weg!« Ropers rauchige Stimme erfüllte den Raum, während er Blackburn die Klinge in den Hals drückte.

Harry ließ die Waffe fallen. Backer nahm sie auf, entfernte das Magazin und steckte sie in die Tasche. »Den bin ich dir schuldig, Rope.«

»Damit sind wir quitt, Clint. Erinnerst du dich noch an Galveston?«

»Backer!«, jubelte Godzilla auf seinem Stuhl. »Juhu! Ich dachte früher immer, dass du schlecht aussiehst. Aber als du weg warst, hat jemand deinen Kopf in was Hässliches getaucht.«

»Hab dich auch lieb, Godz.«

Die dreihundert Pfund wuchteten sich auf die Füße, als Roper die Fesseln durchschnitten hatte.

»Nicht schon wieder!«, wimmerte Favereu. »Bitte ... die Versicherung hat den letzten Trailer, den ihr verwüstet habt, nicht abgedeckt. Und ich war drei Wochen im Krankenhaus wegen blutender Magengeschwüre.«

Die beiden Biker führten Aubrey und Harry sanft zum Sofa und drückten sie in die Polster.

»Nun sperrt gut die Ohren auf«, erklärte Roper geduldig. »Wir haben kein Tonband mehr. Liegt wohl in der Wüste irgendwo zwischen hier und Oakland. Wir wollen keine Cops und wir wollen keinen großen Ärger.«

Er nahm Harrys Gesicht zwischen seine Hände. »Jetzt wird

es Zeit für uns abzuziehen. Aber wenn ihr uns noch einmal belästigt, dann ...« Er bückte sich und drückte Harry über seiner Sonnenbrille einen schmatzenden Bugs-Bunny-Kuss auf die Stirn. »Dann gehst du dahin, wo der arme Rex letztes Jahr hinmusste, wie ich gehört habe. Wenn du in der ersten Reihe mitfahren willst, musst du schnellere Segel aufziehen.«

»Aubrey«, fragte Backer, »kennst du die Geschichte von Odysseus und Polyphem?«

»Polly – wem? Ich habe jetzt nicht die Nerven für Tiergeschichten«, murrte Aubrey.

»Ich habe das aus der Vorlesung.« Backer beugte sich zum Veranstalter herab und zauste ihm durch die Frisur.

»Also, Polyphem war so ein Zyklop ... einäugig.«

»Soll ich am Ende noch einen Behinderten einstellen?«

»Könnte nichts schaden. Aber der Punkt ist, dieser Zyklop, er konnte die Dinge nur auf eine Art sehen ... nämlich auf *seine* Art.«

»Mir wird deine Geschichte nicht gefallen.«

»Ein wahres Wort vom falschen Mann. Egal, unser Held stach Poly das Auge aus und entkam mit seiner Mannschaft.«

»Entzückend.«

»Ich bin sicher, dass seine Leute das zu schätzen wussten. Doch dann – weißt du was? – als sie entkamen, hatte Odysseus die Unverschämtheit – die Griechen sagten *Hybris* dazu, Überheblichkeit gegenüber den Göttern – und begann sich aufzuspielen, zu prahlen und die Realität zu verkennen.«

»Willst du mich zu Tode faseln?«

»Bin beinahe fertig. Tot läufst du ja schon ein ganzes Weilchen herum, also beruhige dich. So wurde Odysseus von den hohen Bonzen da oben verflucht, auf Erden umherzuirren, bevor er an Heim und Herd zurückkehren durfte.«

Aubreys Kopf hing schlaff auf seiner Brust und eine Ader an seiner Schläfe pulsierte. »Und die Moral von der Geschichte?«

»Dass es gut ist zu wissen, wann man die Klappe hält, sein Geld nimmt und sich aus dem Staub macht.«

Er beugte sich runter und klapste Favereus Schulter. »Nimm die Beine unter die Arme, alter Junge. Lauf, solange du kannst. Denn sonst musst du still stehen bleiben und der Wahrheit ins Gesicht sehen.«

»Ich will keine Wahrheit. Ich will auch euch nicht ... nie wieder. Lasst mich in Ruhe meine Dinger drehen und meine Geschäfte abwickeln! Mehr will ich nicht.«

»Na klar. Aber du stehst schon mit dem Rücken zur Wand, Aubrey, Alter. Glaub mir dieses eine Mal! Du wirst Hilfe nötig haben.«

»Mein Anwalt in Beverly Hills ist der beste.«

Backer musste kurz an die Polizei denken und erinnerte sich an Niklhas' Worte. Er verließ den Lkw-Anhänger und war sich sicher, dass er nie wieder jemanden von FaveRock wiedersehen würde.

Als die Rider den Trailer verließen, sah sich Backer ein letztes Mal nach den immer noch sitzenden Veranstaltern um. »Nebenbei gesagt«, bemerkte er, »wegen letztem Jahr ... tut es mir leid.«

Sie glotzten ihn an. Godzilla lachte, als er die Stufen hinunterhüpfte. Roper starrte Backer an, als sähe er ihn zum ersten Mal.

»Du hast dich verändert.« Sie kletterten hoch zum Hauptparkplatz. »Mal sehen, ob Wulff dich wiedererkennt.«

In Backers Magengegend verbreitete sich Kälte, als er seinen Freunden folgte.

Die meisten Gangmitglieder waren schon weg, aber ein halbes Dutzend Wölfe wartete noch auf ihren Maschinen in der drängelnden Menge auf dem Parkplatz.

Wulff fixierte einen Moment lang Backer und bleckte dann die Eckzähne mit seinem berüchtigten langsamen Lächeln.

»Deacon sagt, dass er dich in Denver gesehen hat. Ein Haufen Edelnutten hat an dir gehangen wie Hunde an einem Fleischknochen. Da wusste ich, das war mein alter Scout.«

»War nicht ganz so, wie du denkst, Wulff. – Gut, dich zu sehen! – Die Mädchen haben mir zugehört. Ich habe ihnen erzählt, dass ...«

Jetzt fiel Godzilla die Rückseite von Clints Jacke ins Auge.

»Wan wey?«, entzifferte Godzilla, »Was'eißt das, Backer? Wo's dein Wolfskopf?«

»Das heißt, dass ich die Antwort gefunden habe, Godz. Ich habe sie wirklich gefunden!«

»Was – ähm – war denn noch mal die Frage?«

»Die Frage ist«, sagte Wulff gefährlich ruhig, »wo ist dein Wolf?«

»Was hast du gefunden, Backer?«, wollte Roper wissen.

»Christus ... Jesus.«

Stille.

»Klar doch ... Jesus Gonzales«, lachte Porky. »Erinnerst du dich? Der betreibt die Taco-Bude kurz vor Taos.«

»Ich habe Gott gefunden. Es stellte sich heraus, dass er lebendig ist und – das haut dich um, Rope – er liebt dich ... so wie du bist.«

Godzillas Kinnlade klappte runter. »Gott liebt *Roper*?«

Wulff schnitt Ropers Einwand ab. »Dann hast du also keine Verwendung mehr für deine alten Freunde?«

»Du bist mein ältester Freund, Wulff. Aber ich habe jemanden, den du kennenlernen solltest. Er ist uns näher als ein Bruder.«

»Mit deinem Bruder hast du ja nicht viel Glück gehabt, als du letztens bei uns warst.«

Backer lief tiefrot an.

Wulff trat einen Schritt auf ihn zu. »Aber es geht doch nichts über alte Freunde. Du hast einen Schwur geleistet, alter Freund!«

»Und hast ihn gebrochen«, grollte Deacon und rückte mit Porky und einigen anderen auf, um Backer einzukreisen.

»Das war ein Schwur an den Teufel, in der Hölle zu bleiben!« Er sah, wie sich der Kreis langsam schloss. »Ich bin einfach nicht mehr wahnsinnig, Leute.«

»Dann bin ich also jetzt Satan, nicht wahr?«, zischte Wulff.

Backer schwankte, als er von hinten angerempelt wurde. Er drehte sich um und wurde erneut gerammt.

»Bitte ...!« Er fand sein Gleichgewicht. »Gebt mir doch eine Chance, es euch zu erklären!«

Er wurde zum dritten Mal gestoßen und prallte gegen Spyder.

»Wir wollen dir ja zuhören.« Spyder schlug seinen Haken in das Leder von Backers Jacke und zog ihn hoch. »Aber da sind so *viele* von uns und nur so *einer* von dir, dass wir dich einfach nicht hören können.«

»... bei all dem Geschrei und allem ...«, Porky wirbelte ihn herum.

»Dann wiederholen wir es für euch, bis es der Letzte versteht.« Eine tiefe Stimme ließ ihre Köpfe herumfahren. Kobol kam hinter einem Pick-up hervor und ließ unter seinem weißen T-Shirt seine schwarzen Bizepse spielen.

»Vielleicht singen wir es euch auch im Chor, damit ihr es wirklich hört.« Niklhas kam hinter einem Dodge Kombi hervor und fing Backer mit einer Hand auf.

Godzilla spuckte Tabak aus. »Spiel'n sich 'n bisschen groß auf hier, oder was?«

»Hast dir ein paar lustige Spielgefährten zugelegt.« Wulff blickte von Kobol auf Niklhas.

»Ich allein bin ein Sechserpack Lacher für dich, Amigo«, sagte Chavez heiser, der plötzlich auf der Haube eines beigen Duster kauerte.

»Erinnert mich an mich selbst, als ich noch ein Halunke war«, murmelte Roper.

Wulff drehte sich auf dem Absatz um und schwang sich auf seine Maschine. »Na, vielleicht reden wir dann nicht gerade jetzt. Ich sage dir was ...« Das Bike erwachte bullernd zum Leben und stimmte in das Gebrüll der anderen Maschinen ein. »... du stattest uns mal einen Besuch ab.«

»Halloween gibt's Süßes und Saures für dich!«, kreischte Porky.

»Morgen steigt unsere Halloween-Party.« Wulff spielte mit dem Gas. »Die Bande hat sich das alte Bergwerklager unter den Nagel gerissen, durch das wir letztens gefahren sind – genau über Central City ...«

»'ne Menge Touristen-Hühner kommen, um die Banditen zu sehen«, lachte Porky.

Wulff rollte vorwärts, bis sein Vorderreifen Backer anstupste. »Brauchst nur der Schneise von Fusel, Bräuten und Drogen zu folgen. Ganz am Ende der Spur sind wir dann. Dann kommst du und erzählst uns, was du gefunden hast. Komm nur allein ...«

Er bäumte seine Maschine auf in einer spektakulären Wende und ließ den Hinterreifen über den Parkplatz radieren, gefolgt von den übrigen Bikern. Seine letzten Worte hingen noch in der Luft.

»Allein ... wenn du dafür noch genug Blut in den Adern hast!«

»Yeah, Wulff.« Backer schaute ihnen hinterher. »Ich hab das Blut. Doch ich bin nicht allein ... nicht mehr.«

Das Minenlager

Sonnenuntergang, 31. Oktober 1970. Es war immer noch warm.

Ein Streit brach aus in der Bibliothek der Adlerschwinge, wo sich die Gemeinschaft um den langen Konferenztisch geschart hatte.

»Du machst einen Fehler!«, rief Darcey. »Allein dahin zu gehen, ist wie die Neuauflage von Christen gegen Löwen.«

»Wölfe, nicht Löwen«, entgegnete Backer von der entgegengesetzten Seite des Tisches. »Und ihre Bäuche knurren vor Hunger.«

»Du wirst ein fetter Happen für sie, Old Son«, warnte Kobol.

Backer ging vom Tisch weg, schaute aus dem Fenster auf die länger werdenden Schatten und lehnte sich auf das Fensterbrett.

»Sie leiden. Ihre Seelen sind ... wie finstere Eisgrotten.« Seine rötlichen Augen fanden die von Niklhas. »Du warst es doch, der gesagt hat, dass wir ihnen das Licht bringen sollen.«

»Und ich bin derjenige, der dir sagt, dass du deines Lebens müde bist«, platzte es aus Darcey heraus und er stampfte aus dem Zimmer. Die Tür schlug zu. Einen Moment später plärrte die Musikbox ihren Lärm durch die Tür.

»Wenn du schon gehen willst, Clint, dann nicht allein.« Dawn stützte ihre Ellenbogen auf den Tisch.

»Wen sollte ich denn mitnehmen?« Backer trat wieder an den Tisch. »Nik? Der muss heute Abend den Taufgottesdienst leiten. Er kann nicht wegbleiben. Annas Presse hat darüber berichtet. Die Adlerschwinge zieht ihren Weg!«

Sein Blick schweifte über die Versammelten. »Dawn?«

Sie senkte ihre sichtlosen violetten Augen. »Ich wäre dort nicht von Nutzen.«

»Niemand von den Frauen«, stimmte Backer zu, »nicht dort und nicht heute Nacht.«

»Mir können sie nichts antun, was ich nicht schon hinter mir hätte, Kleiner«, brummte Nora.

»Tut mir leid, große Blonde«, lächelte Backer. »Diesmal nicht.«

»Vielleicht«, sinnierte Kobol, »kann ich meine Schwägerin bitten, dass sie mit den Kindern zur Feier geht.«

»Sie werden mit ihrem Dad gehen.« Backer ging zur Tür. »Und Chavez pendelt gerade mit dem Bus hin und her, um die Neuen für heut Abend herbeizuholen. Ihr alle habt hier Arbeit, Leute.«

Er öffnete die Tür. »Und da draußen wartet meine Arbeit, das erkenne ich nun völlig klar.«

»Clint!«, kommandierte Niklhas. Der Rider drehte sich wieder um und schloss die Tür hinter dem Lärm der Rockola.

»Wir begleiten dich auf jeden Fall im Gebet.«

Niklhas stellte sich zu seiner Rechten, Kobol zu seiner Linken. Gebete, stille und gesprochene, erhoben sich sanft und übertönten das Gesumm der Rockola nebenan.

Ein Zimmer weiter war Darcey in den grellen Neonschein der alten Jukebox eingetaucht. Dort brachte er sein ganz persönliches Flehen vor Gott dar.

»Ich gehe jetzt«, sagte Backer schließlich und löste den Kreis auf. »Aber ich fahre nicht allein, ER ist bei mir.« Er ging durch die Tür. »Das wissen wir alle.«

Der Rest des Kreises blieb im Raum, im Lampenschein, und lauschte dem Summen von Backers Harley, als er den Hügel hinabrollte und seine Expedition zum alten Minencamp oberhalb von Central City antrat.

Verkleidete Kinder hausierten schon die Straße entlang, drohten Saures an und verlangten Süßes. Als Backer in die Elfte einbog, konnte er immer noch die Musik hören, die von der Adlerschwinge hinüberdröhnte. Er musste lächeln, als er die Melodie erkannte, die Darcey gedrückt hatte. Es war »Monster Mash«.

• • •

Die Nacht fiel über die Hügel, bevor er Central City erreichte. Er hielt an der »Goldgrube«, einem Lokal, das gute Erinnerungen für ihn bereithielt, und trank eine Cola.

»Hast du von Bikern gehört, die hier in der Gegend lagern?«, fragte er den alten Mann, der ihm das Getränk servierte.

»Yeah ... die waren hier. Hatten anderes im Kopf, als hier Randale zu veranstalten. Aber ich habe aufgeschnappt, dass sie die ganze Halloween-Nacht durchballern wollen. Ein paar Touristinnen haben sogar Kostüme besorgt.« Er zog die Nase hoch. »Habe meine Tochter heute Nacht eingeschlossen.«

So frischte Backer sein Gedächtnis auf mit der Wegbeschreibung zu der Anhäufung verfallener Baracken, die die stillgelegte Silbermine umgaben. Dann fuhr er durch die dichte Finsternis den Hügel hoch.

Am Ziel, auf der Scheitelhöhe des Weges, erkannte er einen Baum: eine alte Eiche, geschwärzt vom Blitz, kaum mehr als ein drei Meter hoher Holzstumpen, von dem gerade noch zwei dicke, gewundene Äste auf jeder Seite abgingen, beinahe parallel zueinander. Er war schon vor langer Zeit erstorben. In den Erzählungen war er der »Lynchbaum«, wo die Bergleute ihre eigene Art von Gerechtigkeit vollzogen hatten, der nicht wenige von ihnen zum Opfer gefallen waren.

Als Clint heranwalzte, bemerkte er, dass sich Kisten und Fässer, die man offensichtlich aus der Geisterstadt unten stibitzt hatte, kreuz und quer um den Stamm des Baumes aufstapelten. Mit ihrer Hilfe hatten sie eine lebensgroße Figur an einem der knorrigen Äste aufgehängt. Ein Flanellhemd und eine Jeans waren mit Abfall ausgestopft worden und schwangen nun im Abendwind. Ein gewaltiger ausgehöhlter Kürbis, mit einem Holzscheit am Körper befestigt, pendelte als Kopf herab.

In das Gesicht war ein panischer Schrei geschnitten. Die brennende Kerze innen drin ließ Höllenfeuer aus seinen Augen blitzen.

Backer trieb seine Harley vorwärts und rollte den Hang hinunter ins Lager. Er polterte an einem Mineneingang vorbei, über die Reste eines Erzwagen-Gleises, das aus dem Höhlengang hervorkam. Vor ihm erschien ein Dutzend verfallener Gebäude: Ställe, kleine Häuser, ein Gemischtwarenladen, ein Saloon mit einer halben, grün ausgebleichten Schwingtür, die nur noch an einer Angel hing.

Neben dem Brunnen, mitten auf der Straße, verteilten sich etliche Motorräder und einige schwarz-silberne Vans.

Am äußersten Ende der Stadt sah Backer, wie scharlachroter Feuerschein die Schwärze der Bergnacht durchschnitt. Er machte die Silhouetten von Tänzern aus, einige davon offensichtlich in exotischen Kostümen.

Die Harley bremste, er klappte den Ständer aus und ging seinen Weg zum Feuer und zum Lärm.

Ein Mädchen, das Backer nicht kannte, prallte gegen ihn und verspritzte Bier. Er schob sie höflich beiseite.

Porky, mit Dracula-Umhang und Teufelshörnern, saß am Feuer und winkte ihm zu. »Segne mich, Pater, denn ich bin stoned!«

Shannon, Wulffs Braut, kam auf ihn zu. Ihr glatt geföhntes, silbernes Haar bildete einen lebhaften Kontrast zu ihrem schwarzen, tief ausgeschnittenen Vampir-Gewand.

»Hallo, Clint. Ab heute bei der Meute?«

Er schüttelte lächelnd den Kopf. »Habe eine neue Straße gefunden. Brauche mein ganzes Leben, um der Spur zu folgen.«

»Nichts ist so viel Zeit wert.« Sie legte ihre Hand gegen seinen Brustkorb.

»Diese Sache wohl. Ich will das Rudel darin einweihen.«

»Warum weihst du mich nicht ein?« Sie nahm ihre Hand zurück. »Du siehst anders aus. Und es sind nicht nur der Bart und die Narbe. Du hast dich irgendwie verändert.«

Spyder, hager und abgespannt, taumelte in Backer hinein. »Wuhu ... Hally-Luhya! Die gute, alte Religion hat unseren Scout erwischt.«

»Nein, Spyder, Jesus Christus hat mich.«

»Scout ist zurück und Gott hat ihn erwischt! He, damit kann man ihn einwickeln!« Sein Haken hielt eine rostige Kette. »Erinnerst du dich daran? Ich hab sie von'm Deacon gewonnen«, kicherte der Biker. »Von Colts alter Triumph, weißt du noch?« Er schwang sie über den Kopf. »Im Handgemenge sehr praktisch.«

»Trag sie in Gesundheit, Mann.« Backer rückte vorwärts, um Wulff zu konfrontieren, der auf der anderen Seite des Feuers saß.

»'lo, Prediger!«, sagte Wulff, als Backer sich an der eingefallenen Schuppenwand herunterließ und sich neben ihm hinhockte. »Colt ist kalt, Clint spinnt – die Party ist nicht mehr dieselbe.«

»Dinge ändern sich, Wulff.«

»Nicht hier, hier ändert sich gar nichts. Alles ist noch wie vor fünf, sechs Jahren. Weißt du noch, wie wir damals ...«

»Schau!« Backer nickte zu Spyder hinüber, der schwankte und beinahe ins Feuer fiel. »Siehst du in seinem Gesicht die Falten? Und sein Gewicht, Alter – er wog früher zwanzig bis dreißig Pfund mehr!«

Wulff zuckte nur mit den Schultern. »Kommt vom Speed. Es frisst ihn auf, aber es macht ihn glücklich.«

»Es macht ihn nicht glücklich ... Es macht ihn nur alt.«

Die Flasche Southern Comfort in Wulffs Hand flog an Backers Gesicht vorbei und zerbarst im Feuer. Blaue Flammen fackelten empor.

»Niemand ist alt. Alt gibt's hier nicht!«

Backer ließ seine Finger über Wulffs grobes schwarzes Haar gleiten, wo es unter seinem roten Tuch zusammengebunden hervortrat, und murmelte: »Einige Haare sind ja schon grau, Mann!«

Wulffs Fäuste gruben sich in Backers Jacke und zogen ihn heran. »Und ich könnte dir ein neues Gesicht verpassen, alter Freund!«

Backer schob ohne große Mühe die Hände von seinem Leder zurück. »Ein neues Gesicht habe ich schon. Noch nicht bemerkt?«

Die Biker kamen und gingen.

»Aber ich sage euch, was ich sonst noch habe ... Ich bin endlich frei!«

Roper zerkaute das Ende eines Stöckchens, schaute sich dann sein Werk an und warf es ins Feuer. »Du kommst hart rüber mit deinem Jesus-Trip.«

»Nur weil er in mir ... äh ... lebt ...« Backer seufzte. »Er ist stark in mir, echt stark. Aber ich will euch nicht *zu*predigen. Wisst ihr, das ist für mich immer noch neu. Und ich will keinem von euch Ärger machen.«

Roper gluckste. »Ein Backer, der keinen Ärger machen will. Es geschehen Zeichen und Wunder!«

Wulff knurrte böse.

»Roper, warum schaust du mich nicht richtig an!« Backer legte dem Rider seine Hand auf den Arm.

Roper blickte ihn scharf an und schnappte: »Warum treibst du es auf die Spitze?«

»Zum ersten Mal seit ich denken kann …«, Backer tastete nach Worten, »… bin ich glücklich. Das ist alles. Ich bin … einfach … glücklich.«

Sie hörten ihm lange zu. Erst einer, dann zwei, dann setzte sich ein beachtlicher Teil des Rudels vom Tanz um das Feuer ab und stand und kniete um Backer herum. Andere nahmen ihn nicht zur Kenntnis oder schrien Beleidigungen herüber.

Schließlich wurde das Gespräch von Wulff abgebrochen, der sich vorbeugte und Roper hart schubste. Er purzelte zurück, beinahe ins Feuer.

Roper fluchte. »Sei vorsichtig, Wulff! Für was hältst du …?«

»Sei *du* vorsichtig.« Der Rudelführer stand auf den Beinen und baute sich vor dem sitzenden Backer auf. »Und nimm *du* dich besonders in Acht, Herr Wurstgesicht Gottschreier. Dein lieblicher Jesus steht mir bis hier oben!«

Backer rührte sich nicht. »Warum versuchst du es nicht einfach mit ihm, Wulff?«

Die Flammen tanzten und knisterten, während Wulff um Worte rang. Die Rider warteten gebannt.

Wulff trat gegen Backers Schulter, konnte ihn aber nicht umwerfen. »Weil es der Teufel ist, der meine Wünsche erfüllt!«, heulte Wulff. Damit verließ er den Feuerschein und lief zu den Bäumen, wobei er Shannon hinter sich herzog.

Das Mädchen schaute Backer noch über die Schulter an, als wenn sie etwas sagen wollte. Dann ruckte ihr Kopf nach vorn, als Wulff sie am Arm packte und mitzerrte.

»Wenn du dir den Tod wünschst, wünschst du dir zu wenig, Wulff!«, rief Backer noch.

Er blieb noch eine Weile. Die Party wurde wilder.

»Du bist wahnsinnig, Backer«, meinte Roper am Ende, als er Backer zu seiner Harley zurückbegleitete.

Backer schwang sich auf seinen Hocker. »Wahnsinniger als du oder die anderen?«

Roper grinste.

»Ich bleibe heute Nacht – oder was davon übrig ist – in dem winzigen Motel vor der Stadt. Du kennst es noch vom letzten Jahr.«

Roper nickte. Er hatte einen seltsamen Ausdruck in seinen schläfrigen Augen. »Diese Reihe von Häuschen mitten in der Wildnis?«

»Genau. Wer auch immer mit mir reden will, findet mich dort.« Als das Bike den Hang hinaufkletterte, winkte er, ohne sich umzuschauen.

»Ich frage mich, ob du dir wirklich über deinen Zustand im Klaren bist, Clint«, flüsterte Roper in den Wind. »Um deinetwillen hoffe ich es ... das hoffe ich ganz bestimmt.«

Fröstelnd stapfte er durch die Nacht zum wärmenden Feuer zurück.

• • •

Backer saß auf seiner Pritsche, ausgezogen bis auf die Jeans. Sterne glühten winzige Löcher in den Nachthimmel vor dem schmutzigen Fenster. Soweit er wusste, hatte er als Einziger eine der sechs Hüttchen gemietet, die hier verstreut unter den Kiefern standen.

»Wenn ich es ihnen nur ...«, sagte er und warf einen Stiefel in die Ecke. »... irgendwie deutlich machen könnte. Sie haben mich und Colt aufgenommen, als niemand anders sich um uns scherte.«

Er ließ sich auf sein Bett fallen, immer noch in Jeans. »Wenn ich ihnen nur begreiflich machen könnte, was du für sie getan hast ...«

Er wusste nicht, wie viel Zeit vergangen war, als sich das Türblatt des Bungalows unter wuchtigen Schlägen nach innen wölbte.

»Ja, ja ... ist ja schon gut.« Die Tür sprang auf und ein Gebirge von Fleisch füllte den Türrahmen.

»Has' Zeit oder bis' müde?«, fragte Godzilla.

»Beides. Komm rein.«

Die Bettfedern quietschten. »Bei de' Peyote-Feiern kann ich manchma' seh'n, weiß'e, dass da mehr is' als das hier. Aber dann bin ich wieder klar und nichts ist mehr übrig als 'n dicker alter Okie und ich innen drin.«

»Weil der Meskalin-Kaktus dich nur hochbringt, um dich dann fallen zu lassen.«

Backer hielt seine abgenutzte Bibel hoch, die er einst aus den Glasscherben einer Buchhandlung entwendet, aber inzwischen längst bezahlt hatte. »Hier steht drin, wie es funktioniert. Und es ist nicht am nächsten Morgen vorbei. Hier steht drin, dass Gott dich gemacht hat und dich liebt.«

Godzilla gab sein helles Glucksen von sich. »Er hat ein paar sonderbare Entwürfe ...«

»Er ... schätzt dich sehr, kapiert?«

»Du kannst wohl mit deiner Nummer nicht aufhören.«

»*Er* will damit nicht aufhören.«

»Nich' bös' gemeint, aber ihr Backers wart immer verrückter als 'n Hund im Hühnerhaus. Wie soll ich mir da sicher sein?«

»Frag doch Gott selbst!«

Die Tür polterte schon wieder. Als Backer öffnete, knurrte

Roper durch die kalte Gebirgsluft: »Was macht *der* denn hier?«

Bevor Godzilla antworten konnte, sagte Backer: »Er will über Christus plaudern.«

Nach einer kurzen Sekunde kam Roper rein und machte es sich wie eine Katze auf dem Boden bequem. »Ich auch.«

Backer setzte sich wieder auf das Bett und öffnete die Bibel. »Es ist die einfachste Sache der Welt ...«

Die Wolken trieben wie Rauchschwaden über den Mond, während die drei Biker redeten. Schließlich stemmte sich Godzilla auf die Füße. »Du bringst das echt gut rüber. Aber der letzte Peyote-Trip war auch nicht schlecht.«

»Gott zeigt dir das auch noch, Godz. Es gibt kein ›heiliges Dope‹.«

»Bei dir gibt's nur einen einzigen Weg, was?«

Backer legte die Bibel wieder aufs Bett, als auch Roper sich aufrappelte und zur Tür bewegte.

»Schätze, ich kann nur glauben, was ich selbst sehe.«

»Es ist alles Wirklichkeit, Rope.«

Rope ging durch die Tür. Ein kalter Luftzug legte eine Gänsehaut auf Backers bloßen Brustkorb. »Ich wünsche dir wirklich, dass du bei deiner Sache bleibst. Aber auf jeden Fall: *Danke*, Backer. Ich glaub, ich schulde dir wieder etwas.«

Backer lächelte. »Ich setz es auf die Rechnung.«

• • •

Während der Party, mitten zwischen den Nadelbäumen, stieß Wulff Shannon plötzlich von sich.

»Das ist alles Bockmist!«, grollte er und brach mit einer Hand einen lebendigen Zweig ab. »Alles Lügen und das werden wir ihm beweisen.«

»Schatz?« Shannon stolperte zwischen den Kiefern hinter Wulff her, als er sich zurück zum Lager durch das Unterholz pflügte. Mürrisch stocherte er das Feuer mit dem Ast hoch und warf den Ast dann in die auflodernde Flamme.

Im neu aufflackernden Licht ging er von einem Zecher zum nächsten, zog sie auf die Füße und stieß sie Richtung Feuer. »Spyder, Porky, Deacon! An die Arbeit!«

Eine Handvoll Biker sammelte sich um ihren Führer.

»Wir lassen doch wohl nicht zu, dass dieser Kinder-und-alte-Leute-Gott uns unseren Scout stiehlt?«

Tumultartige Diskussionen brachen aus.

»Wer mit dem Rudel läuft, bleibt für immer beim Rudel. Shannon, du warst seit eh und je scharf auf den hässlichen, rotäugigen Scout.«

Er packte ihre Kehle mit einer Hand und erstickte so ihren Protest.

»Spar dir die Lügen ... Ich hab's gesehen. Heute Nacht kannst du ihn haben, du kleine silberhaarige Hexe. Und wir kriegen dabei unser Eigentum zurück.«

Mehr Wölfe drängten sich nun um ihn.

»Hört zu ... Wir stellen unsere Maschinen außer Hörweite ab. Shannon wird unseren kleinen Jesus dann auf ihre ganz besondere Art wecken.«

Er hielt inne, um über seinen Plan zu glucksen, wobei sich die Mundwinkel herabbogen und seine Eckzähne preisgaben. »Dann sind wir da, erwischen ihn mit herabgelassenen Hosen und machen ihm klar, was sein frommes Getue noch wert ist, wenn die Gefühle erst mal geweckt sind.«

Shannon schüttelte den Kopf. Furcht brannte in ihren grauen Augen.

»Nein, Wulff, schick mich nicht ... Er ist anders.«

»Er ist ein Mann. Backer wird fallen wie ein Sack Steine. Ich kenne doch meinen Scout. Er hat bisher nur seine Finger von dir gelassen, um es nicht mit mir zu verderben.« Er stieß sie weg vom Feuer. »Hol den Van. Das wird ein Spaß!«

• • •

Schlaflos tappte Backer zum Fenster und ließ das dünne Rollo zurückschnappen. Sternenlicht ergoss sich in den Raum. Mit einem Stoßseufzer ließ er sich auf die Bettkante fallen. Immer noch in Jeans faltete er seine Hände und betete wie ein kleines Kind.

»Sie haben mir einmal geholfen, Herr. Sie sind meine Freunde. Herr – egal was es kostet –, gib, dass sie *dich* erkennen und ich dabei nicht im Weg bin.«

Es schien ihm, als ob seine Worte vom Spiegel der billigen Kommode abprallten. Doch etwas anderes mischte sich in das Echo.

Bist du wirklich bereit?

»Koste es, was es wolle!«

Kannst du tun, was ich tat?

»Ich bin nur ich. Aber ich liebe diese Kerle.«

Ich werde dir zeigen, was Liebe ist.

Vielleicht hatte er all das nicht wirklich gehört. Denn er hatte sich auf der Pritsche zusammengerollt und sein Atem ging gleichmäßig. Vielleicht träumte er nur.

Warme Hände lagen auf seiner nackten Brust. Er schlug seine Augen auf. Shannon beugte sich über ihn. Ihr Haar fiel wie weißes Mondlicht sanft auf seine Schultern.

»Clint ...« Sie hob den Kopf und ließ ihr Haar über seine Kehle streicheln.

Er blickte in ihre grauen Augen.

Ihre Hand erstarrte.

»Nicht!«, sagte sie. »Bitte schau mich nicht so an!«

Sie zog sich hastig zurück, stolperte aber und sackte auf die Knie vor der Pritsche.

»Es war ein Fehler ... Es tut mir leid.«

Er richtete sich auf und schaltete das schwache Nachtlicht an.

»Du bist nicht einmal mehr Clint Backer.«

»Ich werde Clint Backer sein.«

»… und dummes Zeug redest du auch.«

»Ich werde der Kerl werden, der ich sein sollte, seit es meine DNS gibt. Ich bin es leid, mich von jedem Sonderling, dem es in den Sinn kommt, in die Mache nehmen zu lassen.« Er hielt inne. »Von meiner Ma bis Wulff. Sie tragen ihr eigenes Gepäck. Vielleicht kann ich ihnen zeigen, wie sie es loswerden. Aber ich selbst werde es nicht mehr tragen!«

»Wer *bist* du?« Sie hielt ihre Hände vor den Mund.

»Wer bist *du*?«

»Keine Spielchen – bitte! Ich glaub, ich schreie jetzt …«

»Nicht schreien. Sag mir, *wer* du bist, Shannon.«

»Nichts Besonderes. Shannon Polanski … Wulffs alte Dame.«

Backer rutschte vom Bett und kniete sich neben sie. »Lady, du bist so wertvoll, dass jemand für dich gestorben ist. Gott will dir vergeben und dich zu was Besonderem machen durch seine Liebe.«

»Clint, ich hab nicht viel, wofür ich lebe, außer … das andere. Wer in Gottes Namen würde sterben für eine 26-jährige gescheiterte Studentin namens Shannon Polanski?«

»Hör auf zu wimmern, Küken … Hör zu, dann erkläre ich es dir.« Er nahm ihre Hände, schaute mit seinen rostfarbenen Augen in ihre grauen und begann.

• • •

Zwei Schläge – und die Tür zersplitterte im Rahmen und flog auf. Wulff stieß sie beiseite und ein halbes Dutzend Rider drängten hinter ihm in das kleine Zimmer.

»So steht also der mächtige Scout auf tönernen Füßen bis zum Hals!«, triumphierte er und knipste die Deckenbeleuchtung an. »Größere Liebe hat niemand, als wenn er flachlegt die Frau seines Freundes …«

Sein rohes Gebrabbel erstarb. Backer und Shannon schauten hoch, dort, wo sie immer noch vor dem Bett knieten, die

Hände gefaltet zum Gebet. Clints schwarze Bibel aus jener fernen Nacht in Pueblo lag offen auf dem Bett.

»Ich habe heute Nacht etwas getan«, platzte Shannon hervor. »Nicht das, was du denkst, Wulff. Clint – er hat mir einen neuen Weg gezeigt. Ich werde jetzt eine andere sein.«

Rasend schlug Wulff auf sie ein. Sie prallte gegen die Nachtkonsole. Das Tischchen und die Lampe stürzten auf sie herab.

»Sogar meine Braut! Du Dieb ...« Speicheltropfen spritzten aus seinem verzerrten Mund. Er stürzte sich auf Backer, seine weißen Finger zu Klauen verdreht.

»Shannon!« Backer war oben und ließ sein Bein herausschießen. – Clints gesunder Reflex rammte seine zweihundert muskulösen Pfund in Wulffs Magengegend.

Wulff segelte rückwärts und prallte auf Porky und Spyder. Alle drei zusammen flogen zur Tür hinaus, prallten zu Boden und schlitterten sieben Meter weit durch den Dreck.

Lähmende Stille.

Wie begossene Katzen wichen die anderen Rider vor Backer zurück.

Clint stand mit erhobenen Armen, im Ausfallschritt den Oberkörper zur Seite gedreht, vor dem verletzten Mädchen. Seine Lippen bebten.

Seine eigenen Worte hallten in ihm nach. *Ich muss es ihnen irgendwie beweisen ...*

»Shannon?«, flüsterte er, als er Wulff hörte. Der kroch mühsam durch den Schlamm zur Veranda und zog sich dort wieder auf seine Füße.

Doch dann verstand Clint. Sie waren nur hinter ihm her. Sie wollten ihn wiederhaben – den Entkommenen!

Zögerlich zwang er sich dazu, die Fäuste sinken zu lassen.

»Wulff«, begann er eindringlich. »Wir sind schon so lange Freunde und ... wir haben uns immer so angenommen, wie wir waren. Ich weiß, dass ich dich verletzt habe ...«

Mit einem Raubtierschrei stieß sich Wulff von der Türschwelle ab. Er traf Backer und die beiden prallten auf die Kommode. Der Spiegel zersplitterte. Beide wälzten sich auf dem Boden.

Viele Hände zerrten Backer auf die Beine und stießen ihn gegen die Wand. Er sah, wie Wulff seine Hände erhob und genau vor seinem Gesicht die Finger zu Fäusten schloss.

»Du bist totes Fleisch!«

»Ich liebe dich.«

Die Faust drang in seinen Mund. Zwei Zähne zersplitterten. Seine Nase brach. Blut spritzte, als sie krachend auf seine Wange schlugen.

Sie schlugen ihn wieder.

Und wieder.

Und wieder.

Verschwommen hörte er vom Boden aus, wie Wulff befahl: »Tragt ihn zum Van. Wir bringen das im Lager zu Ende. Spyder, mach dich mit deinem Haken nützlich – nimm die Schlüssel und fahr seinen Hocker. Lass nichts zurück.«

Erst schien die Zimmerdecke auf ihn herabzukommen, dann die ferne Schwärze des Nachthimmels. Die Klappe des Vans schloss sich hinter ihm und alles war finster. Wulffs Stimme erklang irgendwo.

»Wenn wir ankommen, lass die Schlüssel in der Harley stecken. Er wird sie nie wieder brauchen.«

Vor dem Lager

Dawn erwachte schreiend in ihrem Gästezimmer im Alexander-Haus.

Weil sie blind war, suchte sie nicht den Lichtschalter, sondern saß zitternd da in der Brise, die vom offenen Fenster her die rot-weiß karierten Vorhänge aufblähte.

Anna Alexander trat ein und warf ihrer Freundin einen gelben Seidenschal über die Schultern. »Kind, was ist los?«

»Clint«, sagte Dawn, immer noch schlaftrunken.

»Du hast geträumt.«

Dawn schlug die Augen weit auf. Mrs. Alexander erkannte, dass sie etwas sah, jedoch in einer Weise, die Anna nicht verstand.

»Er wird wohl immer noch in Central City sein, nehme ich an. Soll ich die Adlerschwinge anrufen, um zu erfahren, ob Niklhas etwas von ihm gehört hat?«

Dawn schüttelte den Kopf.

»Dann können wir nichts tun außer zu beten.«

»Ja.« Dawn warf ihre Steppdecke beiseite.

Mrs. Alexander holte ihr einen hellgelben Bademantel aus dem Schrank und legte ihn ihr um.

Wortlos knieten sich die beiden Frauen nieder neben dem Bett vor dem offenen Fenster.

• • •

Während der langen Fahrt nahm Backer verschwommen das Schluchzen des Mädchens wahr.

Shannon, wollte er sagen, *du brauchst jetzt nie wieder zu weinen.* Während er versuchte, etwas zu sagen, um das Mädchen zu trösten, frustrierte ihn von irgendwoher ein Gestöhne. Nach einer Weile stellte er fest, dass er selbst es war, der stöhnte.

Dann waren sie da – den Abhang hinunter und auf die staubige Straße zum alten Lager. Der Wagen bremste unweit des Halloween-Feuers. Der größte Teil der Menge tanzte und trank immer noch um das niederbrennende Feuer.

Die Türen des Vans schwangen auf. Er fiel auf die Straße.

»Warum hat er nicht weitergekämpft?«

»Hast du gesehen, wie er Wulff umgehauen hat? Ich hab noch nie gesehen, dass ihm jemand so eingeschenkt hat.«

»Und ich habe Wulff noch nie so rasend gesehen.«

»Aber warum hat Backer aufgehört? Es sah aus ...«, der Sprecher senkte seine Stimme, »... sah aus, als wenn Backer ihn hätte schaffen können.«

Obwohl Backer auf dem Rücken lag und seine Augen beinahe zugeschwollen waren, schaute er auf. Er sah in eine Feuerwand als Hintergrund – und eine pulsierende Menge um ihn herum: Männer mit Teufelshörnern, Frankenstein-Monster, Mädchen in verführerischen Gewändern, Rider in ihren Lederkutten mit dem zähnefletschenden Wolfskopf überall.

Jemand trat ihm in seine bereits gebrochene Rippe.

Er ächzte.

»Wo's die Flüstertüte?« Über ihm ragte Wulff auf. Seine schwarzen Strähnen schlugen in sein weißes, breites Gesicht.

Deacon verschwand in einen der anderen Vans. Und warf dem Führer das Megaphon zu. Wulff fing es auf, schaltete es ein und schnarrte in die Tüte: »Hier ist ein Verräter. Er hat uns belogen und er hat uns verlassen. Das darf sich niemand mit dem Rudel erlauben!«

Zornesschreie einiger Betrunkener.

»Mit ihm ist nichts los und ihr alle wisst das!«

Spyder schüttelte den Kopf. »Aber warum hat er sich dann von dir schlagen lassen. Angst hatte er jedenfalls nicht.«

»Er hat immer wieder gesagt«, schüttelte Porky den Kopf, »dass er dich liebt.«

»Er ist bekloppt. Er lügt. Da seht ihr, wohin ihn das geführt hat!«

»Es hat mich hierhin geführt.« Alle hörten Backers Stimme aus dem Klumpen Fleisch auf dem Boden krächzen.

»Und er hat gekämpft! Es war Gerechtigkeit ... die des Starken über den Schwachen!«

Die Menge murmelte etwas, doch es war nicht der enthusiastische Blutrausch, den Wulff erwartete.

Er bückte sich und grub seine Finger in Backers Haar. »Sag ihnen, dass du verloren hast, oder ich brate dir deinen Kopf vollends durch«, zischte Wulff. Mit hysterischer Kraft zerrte er Backer am Schopf zu den Flammen.

Auf Backers Kopfhaut bildeten sich Blasen. Der Gestank von verbrannten Haaren wehte durch die Gebirgsnacht.

Nicht wieder das Feuer. Gott, nicht ins Feuer!

»Ich ... spreche zu ihnen«, konnte er noch hervorstoßen durch seine Lippen, die auf das Dreifache angeschwollen waren.

»Sag ihnen, dass ich stärker bin. Du sagst ihnen die Wahrheit oder du brennst«, drohte ihm Wulff leise, als er ihn auf die Füße riss.

Backer taumelte, sodass ihn Deacon und Spyder stützen mussten. Blut lief ihm in Rinnsalen über das Gesicht und über seine nackte Brust. Die Steine stachen seine nackten Füße.

Der Lautsprecher wurde an seine blauen Lippen gepresst.

»Er wird euch die Wahrheit sagen!«, kreischte Wulff, sodass seine sonst flüsternde Stimme im ganzen Lager widerhallte.

Die Menge der Halloween-Hexen, Dämonen, Tiere, Ballerinen und Biker wartete gespannt, während Backer schluckte und darum kämpfte, seine Zunge in Gang zu bringen.

Das Feuer knisterte.

»Wölfe!«, begann er. Das elektrische Krächzen der Flüstertüte betonte sein Lispeln, als er versuchte, ohne die fehlenden Schneidezähne zurechtzukommen. »Langjährige, alte Freunde ...«

Jemand heulte auf.

»Ich und mein Bruder Colt ... wir hatten einst gar nichts. Und ihr Kerle ... ihr habt uns aufgenommen. Wir haben zusammengehalten. Wir waren eine Familie.«

Wulff nickte zustimmend.

»Aber Familien sterben. Colt starb. Völlig umsonst. Für das Nichts. Ich dachte – er dachte, er könnte dieses Nichts unter Kontrolle kriegen ...«

Ein Grollen hob an und Wulff versuchte, ihm das Megaphon zu entwinden. Backers Hand schwang hoch und hielt Wulffs Handgelenk mit einer Kraft, die nicht mehr hätte da sein sollen.

»Das Nichts tut weh. Es brennt schlimmer als die Flammen. Und Tod ist mehr als das Nichts. Er ist endloser Schmerz!«

Wulff rang nun um den Verstärker, doch Backer hielt ihn verzweifelt fest, während seine Knie nachgaben. Wegen des Kampfes rückten andere Biker nach vorn.

»Es gibt etwas! Da ist jemand! Er will euch nicht nur annehmen, sondern er macht euch zu Menschen, die sich nicht mehr vor sich selbst schämen müssen, tief, tief drinnen. Es war der Feind, der unser Leben so verdreht hat! Christus liebt uns wirklich! Er will uns durchbringen! Er stellt uns die Dinge richtig! Wir sind eine Familie! Wir Biker und Kiffköpfe und Ausgeflippte und alle! Wir sind ihm genauso wichtig wie die hohen Tiere! Er liebt uns. *Er will, dass wir nach Hause kommen!*«

Eine Faust riss die Worte von seinem Mund ab, dass sein Kopf zurückflog und sein Körper zusammenbrach. Da lag er.

»In Ordnung!«, schrillte Wulff. »Was für deinen Boss gut genug war, ist auch für dich gut genug!« Sein Arm wies hinaus in die Dunkelheit, wo auf der Spitze des Hügels im Mondschein noch immer die funkelnde Kürbisleiche am Lynchbaum pendelte.

»Kreuzigt ihn!«

Viele Hände hoben ihn hoch und trugen ihn zum Hügel. Sie richteten ihn auf, sodass er die Fratze der aufgehängten Puppe ansehen musste.

Deacon und Spyder kletterten auf die Kisten und zogen sich dann auf die verkrüppelte Baumkrone hinauf. Deacon hielt sich an den gegenüberliegenden Ästen fest, die den Kreuzbalken bildeten, zog ein Stilett aus seinem Stiefel und schnitt den Henkersknoten durch, der die Figur gehalten hatte.

Der Dummy stürzte zu Boden. Die Menge grölte, als der Kürbiskopf aufprallte und seine Kerzenlichter in den Augen flackernd erloschen.

Clint wurde über das Schafott aus Gerümpel geschoben. Dann packten Deacon und Spyder Backers Arme und zogen ihn hoch, drei Meter über den Mob.

»Hier!« Porky hatte den Strick des Dummys in Stücke geschnitten und warf diese Deacon zu. Der fing sie geschickt auf und gab Spyder einen Strang. Sie fesselten Backers Handgelenke an die beiden Äste. Spyders Haken hinterließ dabei blutige Spuren auf Backers Arm.

So baumelte er am Stamm und seine nackten Füße schürften gegen die Rinde.

Aus alten Tauen hatte man Fackeln gemacht. In ihrem Licht erblickte Backer eine Faust, die einen 25 Zentimeter langen Schienennagel hielt, der völlig von Rost überzogen war.

Dann sah er zwei weitere Nägel.

»Bei Gott, dem Barmherzigen, Wulff, nicht! Bitte!«, schrie Shannon und kämpfte um den Nagel.

Wulff schob sie weg. Sie reichten ihm einen Bergwerks-

Vorschlaghammer, so alt wie die Nägel, so alt wie das Geschäft.

Oben auf dem Baum griff Deacon die Finger von Backers rechter Hand und zwängte sie auf.

Wulff kletterte über Kisten und Fässer, wankte, fand sein Gleichgewicht wieder und stand dann vor Backer, den schweren Hammer in beiden Händen.

»Mach's gut, alter Freund.« Wulff holte mit dem Vorschlaghammer über die linke Schulter aus.

Von oben setzte Deacon die Spitze des rostigen Nagels auf Backers offene Handfläche.

»Ich weiß, wohin ich gehe!«, rief Backer über ihre Köpfe. »Aber für euch wird es keinen Ort außer der Hölle mehr geben!«

»Dort sind wir schon.« Wulff wuchtete den Hammer nach vorne.

• • •

Während Dawn und Mrs. Alexander auf den Knien lagen, brannte auch auf der anderen Seite der Stadt in den Fenstern der Bibliothek der Adlerschwinge noch Licht.

Um den Konferenztisch herum knieten die Mitglieder vor Stühlen oder beteten stehend in Gruppen.

»Wie lange?«, hatte Chavez gefragt, als Niklhas ihn über die Gebetsnacht informierte.

»So lange, wie es nötig ist.«

»Woher wissen wir so etwas?«

»Einige von uns werden es wissen.«

So beteten sie, bis die Halloween-Finsternis im Morgenlicht des Allerheiligentages schmolz. Nur wenige waren die ganze Nacht über in der Bibliothek geblieben. Doch Niklhas saß immer noch am Kopf des Tisches. Seine großen Hände waren ineinander verklammert. Schweiß rann von seiner Stirn.

Im Frauenflügel stand Nora in ihrem dunklen Zimmer allein am Fenster mit bebenden Lippen.

Darcey hatte die Hände auf den alten Globus gelegt und starrte aus dem Fenster in die Logan Street. Sein dünnes Gesicht war straff angespannt und seine Augen brannten, als diese Nacht zu Ende ging.

• • •

Von irgendwoher schien ein Strom, eine sanfte Welle von Kraft über den Hügel zu kommen und flutete über Backer hinweg, als er am Kreuz hing. Vielleicht war es nur der Frieden, der manchmal die Gewissheit des Todes begleitet, wenn aller Kampf aufhört.

An den Handgelenken am Baum hängend, schaute Backer Wulff in die Augen. »Christus liebt dich«, sagte er, als Wulff zögerte. »Und ich liebe dich auch.«

Er wusste, dass er die Wahrheit sagte. Dann schloss er seine Augen, um zu sterben.

»Richte dem Mann meine Grüße aus«, brachte Wulff fertig zu sagen. »Denn gleich bist du bei ihm!« Der Hammer schlug zu.

Wackkk! Ein schrilles Geräusch, das in der Nacht nachvibrierte.

Es war der fleischige Klatsch auf einen Menschenkörper, als der Hammerstiel aufprallte – nicht auf Backer, sondern in Godzillas ausgestreckte Hand.

In seinem Vortrieb blockiert, zitterte der hölzerne Stiel und zersprang. Der Hammerkopf flog mit einem Krachen zwischen die Kisten unterhalb.

Godzilla stand breitbeinig auf zwei Fässern, die unter seiner Masse bedenklich ächzten, und hielt den dicken Griff mit beiden Händen.

»Niemand nagelt niemanden an nichts«, verkündete er sorgfältig.

»Du dämlicher Fleischsack! Dich machen wir auch kalt!« Wulff griff nach dem Stiel.

Der Griff zuckte nieder und traf hart. Jaulend zog Wulff seine zerschmetterte rechte Hand zurück und presste sie sich schützend an die Brust.

»Ihr Kerls seid die Dämlichen.« Godzilla hielt sein Gleichgewicht auf den beiden Fässern. »Dieser Kerl sagt, er hat was, und guckt nach euch ... Ihr schiebt Panik und haut kaputt einen Mann, der bloß was zeigen will, was besser is', als was ihr habt.« Er spuckte Tabak aus. »Was, wer mich fragt, keinen tollen Sinn macht – es tut sowieso keiner.«

Knurrend versuchte Wulff wieder auf den Gerümpelhaufen zu klettern. »Du und der Narr am Baum gegen uns alle. – Ihr seid immerhin nur zwei.«

»Drei.« Roper warf Deacon, der immer noch den Nagel hielt, vom Baum. Deacon polterte den Stapel von Holzkisten hinunter und warf Wulff um. Beide landeten unten auf dem Boden.

»Schnappt sie!« Wulff stieß Deacon zur Seite und rappelte sich auf die Knie. »Tötet sie, verbrennt sie!«

»Jetzt gibt's aber was auf die Omme!« Godzilla senkte den Kopf und hob den Hammerstiel.

»Und nicht nur das.« Ropers Stilett schnappte auf, als er auf den Boden sprang und dann eine Kiste wegtrat, die ihm im Weg lag. Bevor Wulff auf seinen Füßen stand, klebte Ropers Klinge unter seinem Kiefer.

»Nich' bös' gemeint, Wulff ...«, Godzilla schaute auf ihn herab. »... aber ich glaub, du bist nicht mehr Führer. Is' nichts Persönliches. Du bist nur zu fertig.«

Zögernd rückten die Wölfe vor.

Der Strom brandete herein, der in der Adlerschwinge und im Alexander-Haus entstanden war, vielleicht auch an völlig anderen Orten. Backer fühlte, wie ihn etwas durchflutete und füllte. Dann stemmte es seinen schmerzenden rechten Arm nach vorn, gegen die Fesseln. Seine Schultermuskeln schwollen an.

Der alte Strang des Bergbauseils barst und seine Hand war frei.

Mit unnatürlicher Geschwindigkeit drehte er sich im Fall und griff nach dem Ast, der immer noch sein linkes Handgelenk festhielt.

Sein Griff hielt. Er fasste den festgebundenen Unterarm mit den Fingern der freien Hand. Mit einer Anstrengung, die seine gebrochenen Rippen knirschen ließ, zog er sich hoch.

Der alte Ast, vom Blitz geschlagen und vom Moder zerfressen, brach ab.

Backer verschwand nach dem Sturz in dem Stapel gesammelter Fracht am Fuße des Stammes.

Wulff bemühte sich auf die Beine zu kommen, doch Ropers Messer stach in seine Kehle und zapfte ihm bereits Blut ab.

Godzilla sprang von seiner berstenden Plattform, um sich neben Roper zu stellen.

Mitten in dem Gerümpel stand plötzlich Backer da. Er schleuderte ein Fass zur Seite und kämpfte sich durch den Schutt, wobei das dicke Ende des Lynchbaum-Asts noch an seinem Handgelenk baumelte.

»Nein!« Backers rechte Hand hielt die Klinge auf und seine andere drückte den Hammerstiel nach unten, wobei der Ast mitschwang.

»Mit dir gibt es wohl nur einen Weg, oder was?«, knurrte Roper und ließ sein Messer sinken.

»Es gibt überhaupt nur *Einen Weg*.«

Backer trat zwischen Roper und Godzilla und baute sich über dem gekrümmten Führer auf.

»Es ist vorbei, Wulff.«

Trocknendes Blut ätzte rote Bahnen auf Backers Gesicht und tropfte noch auf die Brust. Seine geschwollenen Augen waren fast geschlossen, seine Nase auf die Wange geklappt. Als er seine dicken Lippen bewegte und die fehlenden Zähne offenbarte, klangen seine Worte verwischt.

»Mein Tod hätte nichts geändert. Der einzige Tod, der zählte, ereignete sich vor langer, langer Zeit. Und was danach geschah, geschieht heute immer noch. Doch es ist vielleicht noch nicht zu spät für dich, dich auf die Siegerseite zu schlagen.«

Wulff rutschte rückwärts auf den Knien durch den Schmutz. Mit gespreizten Fingern krallte er sich an Spyders Kutte fest und zog sich daran hoch.

»Ergreift ihn!«, schrie er mit weit aufgerissenen Augen.

Spyder schaute weg und zog sich zurück.

»Sie haben die Familie verraten!« Speichel tropfte von Wulffs Kinn. Er zerrte Deacon herbei. »Töte sie! Töte sie für Papa!«

Deacon entfernte langsam Wulffs klauenartige Hand von seiner Jacke. »Ich finde, dass es Zeit wird«, sagte er, »woanders hinzugehen.«

Er ließ Wulff stehen und ging an Backer vorüber. Seine Augen musterten ihn dabei einen kurzen Moment lang. Dann verschwand er in der schwindenden Finsternis, den Hang hinab zum Camp. Wenige Augenblicke später brüllte sein Chopper über den Hügel, als er vom Lager aus in die andere Richtung fuhr.

»Porky! Chico!«

Niemand respektierte den Führer, als ein Rider nach dem anderen sich hinter Backer stellte, der dort mit den Händen in den Hüften stand, mit dem dicken schwarzen Ast am Handgelenk. Sein Körper wurde von den ersten Strahlen der Morgendämmerung in orangerotes Licht getaucht.

»Da ist etwas ...«, sagte Porky zu ihm und stockte eine Sekunde. »Da ist etwas dahinter. Ganz bestimmt.« Dann zuckte er mit den Schultern und tauchte im Mob unter.

Sogar Roper und Godzilla verschwanden, als wären sie nicht mehr als Lagerfeuerrauch gewesen, der mit dem ersten Licht verschwindet. Nur Shannon blieb, zusammengesunken an der Wurzel des Galgenbaums. Der Wind trug ihr leises Schluchzen fort.

»Ich habe verloren«, sagte Wulff am Fuß des Hügels, »für dieses Mal. Doch es gibt noch viele andere dort draußen. Verachtete, Geächtete. Familien wollen sie nicht, Kirchen wollen sie nicht.«

Er rang um Atem. Die Stimme war die seine – und doch die eines anderen. »Sie gehören mir. Versuche nur, sie mir wegzunehmen – und das nächste Mal werde ich dich wirklich töten.«

»Es wurde schon versucht«, entgegnete Backer und seine Stimme war seine eigene und doch mehr als seine eigene. »Du hast den Krieg schon vor zweitausend Jahren verloren!«

Dann stolperte Wulff den Hügel hinab und war verschwunden.

Als er die Maschinen hörte, drehte sich Backer in die aufgehende Sonne. Er blinzelte in ihren Schein und sah, wie Roper und Godzilla auf ihren Motorrädern zurückkehrten.

»Ich hab mich geirrt«, sagte Roper. »Du *bist* bei dem geblieben, was du gefunden hast. Die ganze Zeit.«

»Weil Gott zu *mir* steht.«

»Yeah. Ich muss nachdenken.« Er erhob seinen Arm, entbot den Biker-Gruß mit der geschlossenen Faust und riss dann seine Maschine herum. Backer erwiderte den Gruß mit ausgestrecktem Zeigefinger und machte so daraus das *One-Way*-Zeichen.

Godzilla lächelte nur und tippte höflich an seinen Helm. Dann heizte er seine Harley hinter Roper her den Hügel hinunter, weg vom Baum, in die entgegengesetzte Richtung der Wölfe.

In dem Moment, als sie abfuhren, verebbte die Flutwelle, die über Backer hinweggerollt war. Wie eine Marionette, der man die Fäden gekappt hatte, sank er auf die Knie.

Er versuchte, zu Shannon hinüberzugelangen.

Aber brennende Schmerzen in seinen Rippen ließen ihn wieder vornüberfallen. Er begann, über den Boden zu kriechen.

Dann war Shannon bei ihm und stützte ihn, sodass er mit kreischenden Rippen auf die Beine gelangte.

»Mitten im Niemandsland ...«, schluchzte sie und hielt ihre Arme weiter um seine blutverkrusteten Schultern, als er vorwärtshumpelte. »Du kannst nicht ...«

»Hol meine Maschine«, nuschelte er mühsam. »Ich kenn einen Sani.«

»Du kannst nicht fahren. Du kannst dich nicht einmal aufrecht halten!« Gemeinsam rutschten sie den Hügel hinab.

»Du fährst und ich halte mich aufrecht ... den ganzen Weg. Ich hab's ja jetzt gelernt.«

• • •

Donnergrollen weckte Kobol. Er grabschte nach dem Wecker, glotzte ihn an und schlug ihn. Er fiel vom Nachtschrank. Doch der Radau wurde unerträglich. Er blinzelte. Es pochte an der Tür.

Mürrisch schwang er seine Füße aus dem Bett, erhob sich schwankend und wickelte sich in einen zu kurzen purpurnen Bademantel.

Der Hund bellte und Kobol stolperte über ihn, als er zur Haustür schlurfte.

»Störenfried, halt die Schnauze!« Er schwang die Tür auf.

Das lange weiß-silbrige Haar des Mädchens, glatt geföhnt nach der Mode der Zeit, fiel auf die Schultern ihres tief ausgeschnittenen schwarzen Gewandes.

»Morticia, stimmt's?«, gähnte er. »Aus der ›Addams Family‹. Halloween ist vorbei, Lady.«

»Er sagte, dass Sie ein Freund wären.«

Jetzt bemerkte Kobol ihre verquollenen Augen und ihr tränenüberströmtes Gesicht.

»Er sagte, dass Sie Sanitäter sind.«

»Sanitäter?« Dann erkannte er Backers Harley auf ihrem altgewohnten Einstellplatz. Ein Bündel roter Lumpen lag über den Sitz und den Lenker verteilt.

Flugs die Stufen hinunter und in den Hof ... Kobol hob den Rider auf, als wenn er nicht mehr wäre als ein kleines Kind.

»Im Mekong-Delta habe ich Leichen nach Feuergefechten gesehen, die im besseren Zustand als du waren, Junge.«

»Gegen das Feuer habe ich gefochten«, sagte Backer noch, bevor sein Kopf schlaff zurückfiel.

»Und diesmal, wette ich, hat unsere Seite gewonnen.« Kobols Hand drückte das Gesicht des Riders an seine Brust, als er ihn die Stufen hochtrug ins Haus. Das Mädchen folgte ihnen.

Der Weg

Er trug seine vorletzte Ladung die Treppe hinunter. Die meisten seiner Besitztümer hatte er weggegeben. Den kleinen Rest schnallte er nun auf seine Harley.

»Mach mal halblang«, sagte Chavez mit seiner heiseren Stimme. »Du hast erst seit zwei Wochen die Verbände ab.«

Backer blieb eine Sekunde lang auf der alten Wendeltreppe aus Walnussholz stehen und schüttelte den Kopf.

Die Chirurgen hatten die meisten Teile wieder an ihren Platz gesetzt. Doch ein weiteres Geflecht weißer Brandnarben blieb für immer über seiner rechten Wange zurück. Und der Höcker auf dem Rücken seiner wieder gerichteten Nase war größer geworden, was, wie Niklhas beobachtet hatte, seine Ähnlichkeit mit dem in der Hausfront eingravierten Adler nur noch verstärkte.

»Wohl eher wie der Basilisk auf der Kathedrale in der Innenstadt«, hatte Chavez gemeint und erntete von Backer ein Lächeln, das den Spalt zwischen seinen neuen Schneidezähnen entblößte.

»Musst du wirklich unbedingt gehen?«, fragte nun Niklhas.

Backer übersprang die restlichen Stufen und antwortete: »Nachdem ich endlich vom Krankenhaus begnadigt wurde, bin ich bis Weihnachten in der Adlerschwinge geblieben, um auf deiner Hochzeit den Trauzeugen zu machen.«

Er ging zur Haustür. »Dann habe ich noch über Neujahr abgewartet, um mich bei den Football-Spielen von euch Typen zu erholen. Jetzt wird es Zeit.«

Nora stellte sich in den Eingang und blockierte den Weg.

»Du kannst nicht fort. Seit Mrs. Alexanders Zeitungsgeschichten erschienen sind, bist du eine Person des öffentlichen Interesses.«

»Die Leute fragen nach dir.« Shannon wischte ihre Hände an der Schürze ab. »Du bist es ihnen schuldig.«

»Gerade deshalb muss ich gehen.« Mit vollen Händen versuchte er, an den Mädchen vorbeizukommen und zur Tür hinauszugelangen.

Nora wich keinen Zentimeter und bearbeitete ihn: »Gestern noch hat eine Gruppe Biker nach dir gefragt.«

»Und einige von Noras alten ... Genossinnen wollen mit dir reden«, fügte Shannon hinzu.

»Yeah.« Seufzend setzte Backer sein Gepäck ab, hob Nora hoch und stellte sie zur Seite.

»He, du Gorilla!«

»So leid es mir tut, große Blonde, aber du und Shannon, ihr werdet dieses Haus nun auf Vordermann halten müssen. Was auf euch zukommt – damit werdet ihr fertig oder ihr gebt es nach oben weiter.«

Aus dem Obergeschoss hallte Darceys zornige Stimme herab. Er lehnte sich über das Geländer, seine weißen Knöchel auf der Brüstung. »Und was ist mit mir? Was ist mit uns?«

»Wo du jetzt zur Denver-Universität überwechselst, kannst du das Herbstsemester belegen und gleichzeitig hier in der Adlerschwinge wohnen. Hinten raus ist genug Platz für deine Werkstatt. Wenn du und deine Mama so weitermachen, wird sie dich beim Geschäftsaufbau beraten. Ab Ostern machst du dann Gewinn.«

Als die letzte Ladung verstaut war, trat Dawn zu ihm.

»Clint, da ist etwas, das ich dir noch zeigen will.«

Er folgte ihr in einen kleinen Nebenbau, der einst eine Töpferei gewesen war. Die Büste, an der sie gearbeitet hatte, stand unter einem Tuch verborgen auf einer Bank.

»Sie ist fertig ... Alles durch Tastsinn. Sie hat bisher ganz gute Kommentare bekommen.«

Sie zog das Tuch weg.

Backer schluckte. Es war sein Abbild – und gleichzeitig

auch nicht. Die Brandmale fehlten, doch der Schaden, den sein Gesicht in jener Nacht vor dem Lager erlitten hatte, war zu sehen: geschwollene Augen, aufgeplatzte Lippen, die zerschmetterte Nase und sogar die fehlenden Zähne.

»Wie kamst du dazu?«, staunte er.

»Im Krankenhaus, das letzte Mal, erinnerst du dich? Ohne Verband habe ich dein armes Gesicht berührt ... und Nik hat dich beschrieben.«

Der Kopf war von einer Dornenkrone umgeben.

»Das ist nicht Petrus«, sagte er. »Das ist Christus.«

»Ja ... der leidende Diener. Was hältst du davon?«

Er bedeckte es wieder mit dem Tuch. »Du hast eine große Karriere vor dir – wenn es dir nur gelingt, dich dem Einfluss Goyas und streunender Biker zu entziehen.«

»O, Clint ...« Sie küsste ihn.

Niklhas stand in der Tür. »Ein Küsschen für jeden, der ihre Kunst bewundert«, kommentierte er – und dann: »Was ist mit der freien Stelle des Vizepräsidenten der Stiftung?«

Backer schritt zum letzten Mal durch das Haus. »Chavez.«

»Nichts da, Hausbursche.« Chavez stand in der Eingangshalle und schüttelte den Kopf. »Ich mag keine Krawatten.«

»Dann bist du kommissarischer Vize. Bis Darcey alt genug ist.«

Niklhas legte dem Rider eine Hand auf den Arm, zog ihn noch einmal herum, als er in den hellen Sonnenschein hinausging.

»Zwei Fragen noch, bevor du im Smog untertauchst.«

Sie standen nun neben dem Motorrad. Backer stieg auf. »Die erste?«

»Wann kommst du zurück, du Prachtstück?«

Backer trat den Kickstarter. »Laut Satzung gibt es ein jährliches Treffen. Wenn ich immer noch offiziell Vize bin, sollte ich wohl daran teilnehmen. Außerdem wird dann Ter Horst genug zwischen seinen Nahost-Ruinen herumgeklettert sein.

Vermutlich wird er uns mitteilen, dass er alte Schriftrollen ausgegraben hat, die beweisen, dass die verlorenen Stämme Israels alle Holländer sind.«

Niklhas lachte verhalten.

»Und die zweite Frage?« Backer schaute sich um zur Adlerschwinge. Nora und Shannon standen auf der Veranda. Dawn war am offenen Tor. Darcey schaute herunter aus dem Fenster der Bücherei. Chavez kniete auf dem Rasen.

»Warum?«

Backer seufzte. »Dort draußen sind sie – der Rest der Wölfe, wie auch immer sie sich jetzt nennen. Die Heimatlosen, die Streuner, die Geächteten. Einige von ihnen werden euch zuhören und sich euch anschließen. Aber der Rest – sie sind gefangen in finsteren Gruben – und wir haben das Licht. Ich komme dahin, wo ihr niemals hinkommt. Das ist meine Aufgabe. Vielleicht bin ich dazu geboren worden.«

Er zog den Motor hoch.

»Was ist mit deinem Studium?«

Backer drehte das Rad zur Straße. »Es gibt noch andere Hochschulen. Ich habe einen akzeptablen Durchschnitt und gute Empfehlungen.« Er schaute Niklhas an. »Was Anna als die Grundvoraussetzung für einen Neubeginn bezeichnen würde. Und schließlich sind nicht alle Fernuniversitäten hirnlose Diplom-Mühlen.«

Er rollte mit seiner Maschine vorwärts. »Ich hab mir was auf die hohe Kante gelegt. Wenn es alle ist, werde ich arbeiten.«

Er bog in den fließenden Verkehr ein und schaute ein letztes Mal zurück.

»Danke!«, rief er und sein Winken galt jedem im Haus.

»Danke!«, gab Niklhas zurück und legte seinen Arm um Dawn. Sie gingen wieder die Stufen hoch in die Adlerschwinge.

Backer bog links nach Colfax ab und fuhr Richtung Broadway. Als er sich der Kreuzung näherte, traf ihn der Donner weiterer Maschinen von hinten.

Im Rückspiegel sah er einen Helm auf und ab tanzen. Das breite Gesicht darunter grinste.

Ein zweiter Rider erschien, hob seine Faust zum Biker-Gruß und wies dann mit dem Zeigefinger zum Himmel – das *One-Way*-Zeichen.

Backer grinste in den Spiegel und erwiderte den Gruß.

Roper und Godzilla folgten seiner grollenden Harley, als er auf die Fernstraße zusteuerte.

Glossar

Amphetamin: Aufputschmittel

Biker: Motorradfahrer

Chaney, Lon Jr.: Filmschauspieler; bekannte Rolle als »Wolfsmann«

Constable, John: impressionistischer Maler, 1776-1837

Cop: Spitzname für Polizist

Coors: US-Bierbrauerei

Cronkite, Walter: berühmtester US-Nachrichtensprecher

David, Jacque Louis: klassizistischer Maler, 1748-1825

East L.A.: Osten von Los Angeles

Ichthys: griechisch: »Fisch«; Erkennungszeichen früher Christen; die Buchstaben stehen für »Jesus Christus, Gottes Sohn, Retter«

Ingres, Jean-A.-D.: Klassizist, Aktmaler, 1780-1867

Jaspers, Karl: deutscher Philosoph, 1883-1969

Joint: Haschisch- oder Marihuana-Zigarette

kiffen: Haschisch rauchen

Meskalin: halluzinogene Droge

Methedrin: Methamphetamin, Aufputschmittel

Mano: span.: Hand, Handlanger, Mitarbeiter

Monster Mash: witzig-gruseliges Popstück von Bobby Pickett, etwa: »Monstertanz«

Pachuko: Anhänger einer aggressiven Jugendkultur im Südwesten der USA. Bezeichnend waren breitschultrige, schlabbrige Anzüge (Zoot-Suits)

Paisley: poppiges Stoffmuster mit Tropfen-Motiven

Patty: Fleischbratling vom Hamburger

Peyotl, Peyote: meskalinhaltiger Kaktus. Es gibt indianische Sekten, die die Droge als Andachtsmittel gebrauchen.

Purple Heart: Verwundetenauszeichnung der US Army

Remington, Frederic: Wildwest-Maler und Bildhauer, 1861-1909

Rider: Fahrer, Reiter

Rodin, Auguste: frz. Bildhauer, 1840-1917

Russell, Charles Marion: US-Wildwest-Maler, 1864-1926

Spartakus: Führer des Gladiatoren-Aufstands 71 v.Chr.

Speed: Oberbegriff für Aufputsch-Drogen

Thoreau, Henry David: amerik. Autor, 1817-1862

Trip: LSD, halluzinogene Droge

Turf: Revier einer Straßengang

Turner, Joseph: impressionistischer Maler, 1775-1851

Vato: (am.- span. Slang) Hausbursche, Kumpel

Wheelie: Manöver beim Motorradfahren, bei dem das Vorderrad abrupt angehoben wird

Whitman, Walt: uramerikanischer Dichter, 1819-1892

No Hope in Dope

80 Seiten
ISBN 978-3-89397-475-7

Die bewegende Geschichte von Joe Wittrock (Übersetzer von »Lass uns zur Hölle fahren …«)

Da stand einmal ein Typ im Zimmer und warf mit allem, was ihm in die Hände geriet, die Fensterscheiben ein. Dieser Typ setzte sich ans Steuer eines VW-Busses und durchbrach mit ihm die Absperrung zu einer Luftwaffenausstellung, um ein Jagdflugzeug zu rammen. Manchmal verließ er auch nur einen Fetenraum, um frische Luft zu schnappen, und fand dann den Eingang nicht mehr. Dieser Typ bin ich, und all das geschah unter Drogeneinfluss.
Hier erzähle ich, wie ich zum unberechenbaren Drogensüchtigen geworden bin und schließlich aus dieser lebensbedrohlichen Sackgasse herausfand. Fast alle Namen sind geändert. Dadurch, dass ich mich selbst oute, soll niemand sonst Schwierigkeiten bekommen.